Sabrina Galasso

GRAMMATICA italiana per bambini

da 7 a 11 anni

ALMA Edizioni

Direzione editoriale **Ciro Massimo Naddeo**

Redazione **Carlo Guastalla**

Progetto grafico e impaginazione **Andrea Caponecchia, Lucia Cesarone**

Copertina **Sergio Segoloni, Lucia Cesarone**

Illustrazioni **Clara Grassi**

Per il racconto *Lorenzo e l'albero magico*:
coordinamento editoriale **Sabrina Galasso**
progetto e realizzazione grafica **Zazì** (Torino) | illustrazioni **Anna Cola**

Nota: il racconto "La sposa mangiona" di pagina 38 è liberamente ispirato alla fiaba popolare italiana "E sette!" in *Italo Calvino*, "Fiabe Italiane", 1974 [1956], Einaudi, Torino; la filastrocca "Undici fanciulle coraggiose" di pagina 88 è liberamente ispirata al racconto popolare spagnolo "Once Damas Atrevidas".

ISBN 978-88-6182-564-2
Printed in Italy

ALMA Edizioni
via Bonifacio Lupi, 7
50129 Firenze
info@almaedizioni.it
www.almaedizioni.it

Indice

Introduzione

Che cos'è la **Grammatica italiana per bambini**

Grammatica italiana per bambini è una **grammatica pratica di base**. Presenta le strutture morfologiche fondamentali della lingua italiana e permette di esercitarle attraverso una ricca serie di attività scritte.
Il percorso grammaticale proposto è frutto di una scelta operata sulla base degli elementi che sono stati ritenuti adeguati alla fascia di età e alla tipologia di lettori cui il volume è rivolto.

A chi si rivolge

L'opera si presta ad essere utilizzata da bambini che studiano l'italiano come lingua straniera all'estero, da bambini stranieri che studiano l'italiano come seconda lingua in Italia, ma anche da bambini italiani che vogliano affrontare un percorso di riflessione sulla lingua chiaro e motivante. È indirizzata a bambini dai 7 agli 11 anni che sappiano già leggere e scrivere nella loro lingua **a qualsiasi livello di conoscenza dell'italiano**.
Grammatica italiana per bambini, infatti, può essere utilizzato in classi mono o plurilingue come percorso parallelo ad altre attività di insegnamento della lingua italiana o essere utilizzato dal bambino a casa con o senza l'aiuto di un adulto.
La struttura del libro, semplice dal punto di vista testuale e lessicale, e chiara per via dell'uso frequente e stimolante dei disegni, rende possibile un buon grado di autonomia da parte del bambino.

Caratteristiche

Nel non facile intento di proporre ai bambini un primo incontro con la grammatica, abbiamo tenuto presenti due criteri che riteniamo fondamentali:

- la narratività;
- la proposta di una grammatica essenzialmente induttiva.

Nella convinzione che la motivazione ad apprendere sia più alta quando l'immaginazione e il desiderio di scoperta vengono sollecitati, abbiamo pensato a un libro che fosse:

- un percorso narrativo in cui il bambino incontra storie, situazioni e personaggi fantastici che si susseguono e si intrecciano in modo organico e dove ogni singola attività - anche un semplice esercizio frasale - è parte di un contesto di racconto;
- un ripetuto invito alla riflessione e alla ricerca attiva della regola grammaticale e non una pura presentazione di regole e definizioni.

I venti capitoli in cui il volume si articola sono così strutturati: un racconto o uno spunto fantastico o una breve storia in prosa o in versi introducono il tema narrativo; segue una riflessione grammaticale i cui elementi sono tratti dal testo precedentemente presentato e che richiede al bambino un lavoro di analisi attivo e lo porta a ricostruire in prima persona le regole grammaticali; successivamente una fase in cui le regole in questione vengono applicate per mezzo di attività scritte varie e stimolanti; in conclusione degli esercizi finali di riepilogo delle strutture morfologiche e del lessico appresi nell'intero capitolo.

Abbiamo fatto molta attenzione alla comprensibilità dei testi presentati: la lingua usata è semplice ed essenziale; il lessico viene ripetuto e arricchito progressivamente; là dove il racconto è un po' più complesso le parole chiave sono sempre già note o rese comprensibili per mezzo dei disegni che accompagnano la narrazione.
Fra il testo e il disegno vi è una relazione continua e necessaria: le immagini contribuiscono a rendere comprensibili i vocaboli e le situazioni narrative, e interagiscono con il racconto nello stimolare l'immaginazione.

Come si usa

La presenza, accanto alle istruzioni che introducono ogni attività, di un'icona semplice e chiara, permette al bambino di riconoscere immediatamente la tipologia del lavoro che di volta in volta deve svolgere. Le icone sono 4:

Leggi!: significa che il bambino deve leggere un breve testo - in prosa o in forma di filastrocca - di solito accompagnato da disegni.

Rifletti!: significa che il bambino è chiamato, attraverso proposte di riflessione o domande, ad interrogarsi su un elemento o una struttura grammaticale e a ricavare, in modo induttivo, una regola.

Fai l'attività!: indica che il bambino deve prepararsi a svolgere un esercizio o un gioco sulla regola grammaticale precedentemente introdotta.

Esercitati!: indica che il bambino è chiamato a svolgere alcuni esercizi di riepilogo sugli argomenti grammaticali affrontati nell'intero capitolo.

Le appendici

- Un test di autovalutazione finale.
- La tavola dei verbi regolari e dei principali verbi irregolari.
- Le soluzioni di tutti gli esercizi.
- La storia illustrata *Lorenzo e l'albero magico* con le attività, le soluzioni e il gioco memory.

Ringraziamenti

Un ringraziamento a tutti i bambini, ai colleghi e alla dirigente del 68° Circolo didattico di Roma, V. H. Girolami, e in particolare alle classi VD (a.s. 2003-2004) e IID (a.s. 2005-2006). Grazie a Maria Zanella, Massimo Naddeo, Maurizio Maurizi.

L'autrice

Questa edizione aggiornata della Grammatica italiana per bambini include anche la novella illustrata ***Lorenzo e l'albero magico****. Si tratta di una delle storie della collana di ALMA Edizioni "italiano facile" per bambini: rivolta a studenti di livello elementare di 6-8 anni, questa storia è stata inserita nella Grammatica italiana per bambini per riproporre i fenomeni grammaticali in contesto e attraverso la lettura di un testo narrativo. Gli esercizi che la completano permettono di rinforzare grammatica e lessico in maniera ludica e divertente.*

Il libro

1. *Leggi!*

Ci sono tanti personaggi in questo libro...
... come le lettere dell'**alfabeto** italiano!

A

Alice

B

bambini

C

cavallino

D

Damiano

E

Ernesto

F

Francesco

G

Giulia

H

Hrptcl

I

isola

L

leone

M 

mostro

N 

nani

O 

Occhiosolo

P 

principe

Q 

Quikcl

R 

re dei sogni

S 

strega

T 

tartaruga

U 

Ugo

V 

Viola

Z 

zio di Giulia

2. *Scrivi le frasi al posto giusto.*

A come Alice
B come bambini

____

D come Damiano
E come Ernesto

____

G come Giulia
H come Hrptcl

____

L come leone
M come mostro

____

____

P come principe
Q come Quikcl

____

____

T come tartaruga
U come Ugo

____

Z come zio

V come Viola

F come Francesco

R come re dei sogni

O come Occhiosolo

C come cavallino

N come nani

S come strega

I come isola

3. *Fai l'attività!*

Guarda questi bambini! Una classe intera!

Mettili a posto sul quaderno della maestra!

4. *Se conosci altre parole fai una collana!*

Francesco e Giulia

1. *Leggi!*

Giulia vive nel pianeta
delle bambine.
Ha un'amica:
la tartaruga Elettra.

Francesco vive nel
pianeta dei bambini.
Ha un amico:
il canarino Ernesto.

2. *Le parole colorate sono dei **nomi**. Scrivi, qui sotto, da una parte i nomi in blu e dall'altra i nomi in rosa, come nell'esempio.*

Giulia vive nel pianeta delle bambine. Ha un'amica: la tartaruga Elettra. Francesco vive nel pianeta dei bambini. Ha un amico: il canarino Ernesto.

maschile	femminile
	Giulia

Guarda l'ultima lettera dei nomi! Ecco la regola per scrivere i nomi maschili e i nomi femminili:

L'ultima lettera dei nomi maschili è la **o**, *l'ultima dei nomi femminili è la* **a**.

3. *Scrivi cinque nomi di bambini italiani che finiscono in* **-o** *e cinque nomi di bambine che finiscono in* **-a**.

1 __________ __________
2 __________ __________
3 __________ __________
4 __________ __________
5 __________ __________

4. *Guarda le parole sottolineate. Scrivi le cose femminili di Giulia e le cose maschili di Francesco, come nell'esempio.*

Giulia e Francesco hanno anche:

una bambol**a**

una matit**a**

un alber**o**

un trenin**o**

una casett**a**

un cavallin**o**

un tappet**o** volante

una trottol**a**

una giraff**a**

un castell**o**

una montagn**a**

una stell**a**

un prat**o**

un conigli**o**

una tort**a**

un gelat**o**

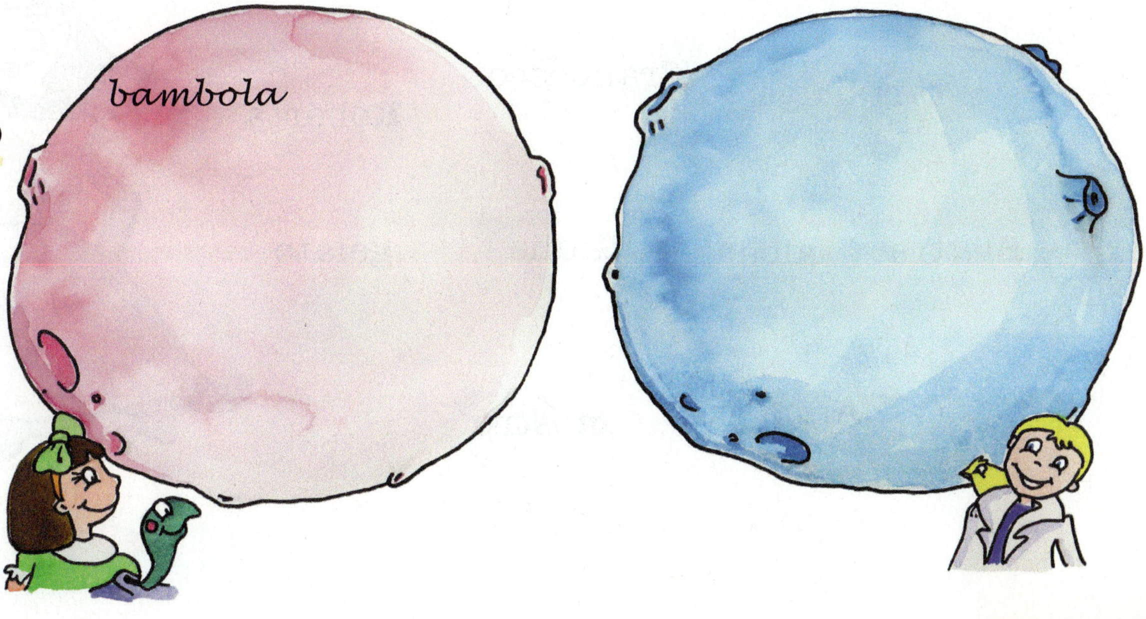

Chi c'è dietro la porta?

5. *Fai l'attività!*

Cancella tutti i nomi maschili. Poi copia le prime lettere dei nomi che rimangono... e lo scoprirai!

~~canarino~~ trenino stella tappeto

tartaruga Francesco Roberta

Elettra albero Giulia gelato

Anna mostro

__ __ __ __ __ __

6. *Fai l'attività!*

La strega ha una casa nel bosco. Eccola! Ci sono:

Guarda le parole colorate. Scrivile qui sotto al posto giusto.

maschili	femminili
camino	

*7. Scrivi accanto alle parole una **M** se sono maschili o una **F** se sono femminili.*

Ricorda: *spesso in italiano i nomi maschili finiscono in **-o** e i nomi femminili in **-a**.*

prato ☐

coniglio ☐

montagna ☐

gelato ☐

isola ☐

armadio ☐

scopa ☐

vestito ☐

cavallino ☐

torta ☐

bacchetta ☐

giraffa ☐

8. Completa le parole con la lettera giusta.

streg___

trenin___

stell___

casett___

bambol___

tartarug___

alber___

pentol___

cappell___

castell___

Francesco e Giulia

1. *Leggi!*

La tartaruga Elettra ama molto mangiare.

Tutti i giorni ruba la torta con
la panna che prepara Giulia.

Il canarino Ernesto ama andare
per i prati con il cavallino...

e con Francesco...

2. *Rifletti!*

La **tartaruga** Elettra ama molto mangiare. Tutti i giorni ruba la **torta** con la **panna** che prepara Giulia. Il **canarino** Ernesto ama andare per i prati con il **cavallino**... e con Francesco...

Sai già che le parole colorate sono dei nomi. Prima dei nomi ci sono delle parole molto corte. Copiale qui sotto.

?	nomi maschili	?	nomi femminili
il	canarino	___	tartaruga
___	cavallino	___	torta
		___	panna

*Quelli che hai trovato sono **articoli**. Gli articoli accompagnano i nomi. Servono per capire meglio se un nome è maschile o femminile.*

Quale articolo accompagna i nomi maschili?_______

Quale articolo accompagna i nomi femminili?_______

3. *Scrivi l'articolo giusto vicino ai nomi dei vestiti.*

La mattina Giulia, Francesco e la strega si mettono...

_____ tuta

_____ fiocco

_____ gonna

_____ vestito

_____ cappello

_____ collana

_____ maglietta

_____ berretto

_____ sciarpa

_____ camicia

Allo zoo

4. *Scrivi i nomi degli animali nel recinto giusto.*

Allo zoo ci sono:

il

la

5. *Cancella l'articolo sbagliato.*

il – la castello	**il – la** bambola
il – la cappello	**il – la** trenino
il – la stella	**il – la** strega
il – la scopa	**il – la** casetta
il – la bosco	**il – la** pentola
il – la vestito	**il – la** giraffa

***Ricorda:* il** *accompagna i nomi maschili,* **la** *accompagna i nomi femminili.*

6. *Metti gli articoli* ***il*** *o* ***la*** *al posto giusto.*

Un giorno ______ canarino prende ______ tappeto volante e va a trovare ______ tartaruga Elettra.

______ canarino porta ______ gelato con ______ cioccolato. Elettra prende ______ torta con ______ panna.

Insieme fanno una gran mangiata!

Articoli: *il* e *la*

Francesco e Giulia

1. *Leggi!*

La **giraffa** di Giulia fa i piccoli.
Ci sono tante **giraffe** sul pianeta di Giulia!

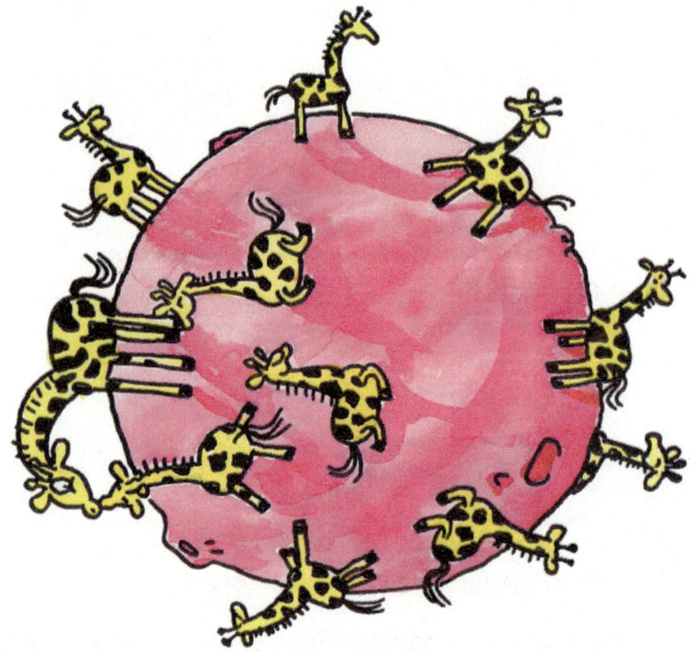

Francesco annaffia il suo **albero**.
Ci sono tanti **alberi** sul pianeta di Francesco!

2. *Rileggi il testo di pag. 22 e completa.*

I nomi cambiano se si parla di **uno** o di **tanti**...

I nomi maschili che finiscono in **-o**, come albero, quando sono tanti si scrivono con la lettera ____

albero → alber____

I nomi femminili che finiscono in **-a**, come giraffa, quando sono tanti si scrivono con la lettera ____

giraffa → giraff____

3. *Disegna.*

una strega	un cappello
3 mostri	2 bambine

4. *Completa come nell'esempio.*

La strega si diverte a fare un... **INCANTESIMO**!!!...Trasforma le cose e gli animali da uno a tanti!

macchina	macchine	
penna	________	
temperino	________	
bambola	________	
cappello	________	
gonna	________	
quaderno	________	
libro	________	

Il pirata Occhiosolo

5. *Fai l'attività!*

Il Pirata Occhiosolo  ha una

vecchia **barca**  e tre **marinai**...

Pipa  Coltello  e Capello! 

Cercano il **tesoro**.  Guarda la **mappa**! 

Il tesoro è in un'**isola** piccola  dietro

tre grandi **isole**. 

Scrivi queste parole qui sotto al posto giusto.

barca marinai tesoro mappa isola isole

uno	tanti
barca	

6. *Fai l'attività!*

Quando si parla di **uno** si dice che il nome è **singolare**.
Quando si parla di **tanti** si dice che il nome è **plurale**.

Giulia guarda:

Scrivi i nomi al posto giusto. Guarda l'esempio: la luna è ***una*** *e* ***femminile****.*

Ricorda: *i nomi maschili che finiscono in* ***o*** *quando sono tanti si scrivono con la lettera* ***i****; i nomi femminili che finiscono in* ***a*** *quando sono tanti si scrivono con la lettera* ***e****.*

singolare (uno)		plurale (tanti)	
maschile	femminile	maschile	femminile
	luna		

7. *Esercitati!*

La strega si diverte ancora!

Allo zoo sbaglia i plurali...

Guarda le parole colorate: sono tutte plurali.
Riscrivile accanto corrette.

Il custode dà da mangiare alle panteri. ______

Il bambino accarezza i lupe. ______

Elettra fa la linguaccia ai coccodrille. ______

Capello parla con le giraffi. ______

Francesco vola sopra i fenicottere. ______

8. *Esercitati!*

...sul quaderno cancella pezzi di parole!

Rimettile a posto tu!

singolare	plurale
pantera	panter__
lup__	lupi
coccodrill__	coccodrilli
giraff__	giraffe
fenicottero	fenicotter__
pinguino	pinguin__

Il robot-mostro

1. *Leggi!*

In un pianeta lontano lontano

vive il Robot-mostro!

I suoi **incantesimi** sono terribili!
Trasforma tutti in mostri...

Giulia e Francesco arrivano sul tappeto volante...

e il Robot li trasforma in... scarafaggio e verme!

Ma il canarino sa cosa fare. Dice le parole giuste:

Tutti liberi!

2. *Rifletti!*

Lui è Lei è Io sono Noi siamo

Tu sei Voi siete Loro sono

Guarda le parole colorate e scrivile qui sotto, come nell'esempio.

<table>
<tr><th colspan="2">singolare</th><th>plurale</th></tr>
<tr><td colspan="2"></td><td></td></tr>
<tr><td colspan="2"></td><td></td></tr>
<tr><td>
Lui</td><td></td><td></td></tr>
</table>

Quelli che hai scritto si chiamano ***pronomi personali****. Queste parole servono per capire meglio di quale persona si sta parlando.*

3. *Leggi e completa.*

Il robot-mostro
è triste....

Tutti insieme Giulia, Francesco,
il canarino, il pirata, i marinai,
i principi e le principesse gridano:

E il re ritorna nel suo
castello con principi e
principesse.

Tutti gli altri sul tappeto
volante tornano
a casa.

4. *Completa le frasi con i* ***pronomi personali*** *giusti.*

 _____ sono la tartaruga Elettra.

 _____ è la giraffa.

 _____ è il canarino.

 _____ sono Giulia, una bambina.

 _____ sei il cavallino!

 _____ siamo i bambini di una classe!

 _____ sono i fenicotteri.

noi
io **io**
loro **lei**
tu **lui**

5. *Adesso leggi di nuovo le frasi dei fumetti a pag. 29. Metti al posto giusto le parole che stanno vicino ai* ***pronomi personali****, come nell'esempio.*

Lui è Francesco!!!

Lei è Giulia!!!

Io sono Occhiosolo!!!

Noi siamo Pipa, Coltello e Capello!!!

Tu sei il cavallino!!!

Voi siete... le principesse!!!

Loro sono... i principi!!!

ESSERE

singolare		plurale
Io *sono*		Noi ____
Tu ____		Voi ____
Lui *è*	Lei ____	Loro ____

Hai scritto il **verbo essere**!

6. *Scrivi il tuo nome!*

Io sono ____________

7. *Scegli e completa!*

Io sono ____________

un bambino
una bambina
un robot

ALMA Edizioni

8. *Con l'aiuto della tabella cancella il verbo **essere** sbagliato.*

ESSERE

singolare		plurale
Io sono		Noi siamo
Tu sei		Voi siete
Lui è	Lei è	Loro sono

Giulia non **siamo/è** uno scarafaggio, **è/sono** una bambina.

Francesco non **siete/è** un verme, **siamo/è** un bambino.

Occhiosolo non **sono/è** una medusa, **è/siete** un pirata.

Noi **siamo/siete** i bambini di una classe!

Io **è/sono** il cavallino!

Noi **è/siamo** dei marinai!

Fate e nani

1. *Leggi!*

Nel bosco della strega
vivono anche

i nani e

le fate!

I nani e le fate cantano e ballano.

Ecco il principe dei nani:
il nano Damiano.

Ecco la principessa delle fate:
la fata Viola.

2. *Guarda gli articoli colorati a pag. 34 e prova a completare.*

Il nano Damiano è uno. L'articolo è ________

Ma se ci sono tanti nani, l'articolo è ________

La fata Viola è una. L'articolo è ________

Ma se ci sono tante fate, l'articolo è ________

> Conosci già **la** e **il**! **Il** è l'articolo singolare maschile.
> **La** è l'articolo singolare femminile (vedi pag. 18).
> Ora hai trovato l'articolo plurale maschile e l'articolo plurale femminile.

3. *Scrivi l'articolo giusto e poi disegna.*

____ rami	____ foglie	____ pentole
____ stelle	____ cappelli	____ collane

4. *Fai l'attività!*

Questi sono i vestiti di Damiano:

i pantaloni

la giacca

la camicia

la cravatta

le scarpe

il cappello

Questi sono i vestiti di Viola:

il vestito

le collane

i braccialetti

la fascia

e naturalmente...

la bacchetta magica

*Scrivi tutti gli **articoli colorati** al posto giusto qui sotto, come nell'esempio.*

singolare		plurale	
maschile	femminile	maschile	femminile
		i	

5. *Scrivi gli articoli **il**, **la**, **i**, **le** al posto giusto.*

Alla festa nel bosco

___ nani e ___ fate ballano insieme. ___ principe Damiano suona ___ musica. ___ fate cuoche cucinano ___ pizza e ___ torte. ___ nani gelatai preparano ___ gelati.
Ma ___ strega è arrabbiata perché non è invitata!

Osserva la tabella degli articoli!

singolare		**plurale**	
maschile	femminile	maschile	femminile
il	*la*	*i*	*le*

6. *Cancella l'articolo sbagliato.*

È notte.

Viola si mette **le/la** camicia da notte.

Damiano si mette **le/il** pigiama.

La/Il strega dorme sopra **i/il** camino.

La/I nani gelatai russano.

Le/I fate cuoche sognano.

La sposa mangiona

1. *Leggi!*

C'è una donna sempre arrabbiata con sua figlia. Questa figlia infatti è moooolto golosa di minestrone!

Un giorno passa un principe e si innamora della figlia.

Il principe prepara 1 uno

e poi 2 due

e poi 3 tre

e poi 4 quattro, 5 cinque, 6 sei, 7 sette, 8 otto, 9 nove, 10 dieci piatti di minestrone!

La figlia è contenta e diventa la sposa mangiona del principe!

2. *Rileggi il testo a pag. 38 e scrivi le parole che vengono dopo i numeri colorati, come nell'esempio.*

1 *uno* 2 ______

3 ______ 4 ______

5 ______ 6 ______

7 ______ 8 ______

9 ______ 10 ______

Si scrivono così i numeri da 1 a 10 in italiano!

3. *Completa con i numeri scritti in lettere.*

Le zampe del cavallino sono ______

Le ali del canarino sono ______

I giorni della settimana sono ______

I tuoi anni sono ______

Le dita della tua mano sono ______

Il cappello della strega è ______

4. *Leggi e impara i numeri fino a 20!*

Nella casa della sposa mangiona e del principe ci sono 11 **undici**, 12 **dodici**, 13 **tredici**, 14 **quattordici**, 15 **quindici**, 16 **sedici**, 17 **diciassette**, 18 **diciotto**, 19 **diciannove**, 20 **venti** topolini!

5. *Completa con i numeri scritti in lettere.*

Ci sono anche...

9 ____________________ gatti

10 ____________________ piatti di minestrone

14 ____________________ tartarughe

10 ____________________ canarini

3 ____________________ cani

4 ____________________ cuochi

16 ____________________ libri e

2 ____________________ bambini!

Il pollaio

6. *Leggi!*

In un pollaio
ci sono
100 galline.

Ma...
per contare le galline devi conoscere le decine!

10 **dieci**	60 **sessanta**
20 **venti**	70 **settanta**
30 **trenta**	80 **ottanta**
40 **quaranta**	90 **novanta**
50 **cinquanta**	100 **cento**

e poi...
da 20 a 30 si conta così

21 **ventuno**	26 **ventisei**
22 **ventidue**	27 **ventisette**
23 **ventitré**	28 **ventotto**
24 **ventiquattro**	29 **ventinove**
25 **venticinque**	

e ancora...

31 **trentuno**	
32 **trentadue**	e così via....

7. *Completa con i numeri scritti in lettere.*

In un pollaio ci sono 100 __________ galline.

Il padrone ne regala 80 __________.
Nel pollaio ne rimangono 20 __________.
Le 20 __________ galline che restano sono tristi perché le loro amiche non ci sono più.

8. *Unisci i numeri scritti in cifre e in lettere.*

Ma le **80** galline vendute scappano:

27 tornano nel pollaio,

14 vanno al mare,

34 si costruiscono una casa in campagna

e **5** se ne vanno in città.

- **quattordici**
- **cinque**
- **ottanta**
- **trentaquattro**
- **ventisette**

9. *Leggi!*

In un pianeta molto strano... di nome Zkvcl, tutte le persone hanno più di 100 anni! Su Zkvcl le persone possono avere:

100	cento	600	seicento
200	duecento	700	settecento
300	trecento	800	ottocento
400	quattrocento	900	novecento
500	cinquecento	o anche 1000 mille anni!!!	

Quikcl è un calciatore e ha
541 cinquecentoquarantuno anni.

Rtskcl è una ballerina e ha
329 trecentoventinove anni.

Hrptcl è un nonno e ha
937 novecentotrentasette anni!

10. *Inventa quattro abitanti di Zkvcl.*
Scrivi il loro nome e i loro anni (in lettere) e disegnali.

Francesco e Giulia

1. *Leggi!*

Giulia e Francesco sono tornati nei loro pianeti.

Che strano!
Sul pianeta
di Giulia c'è
la neve!

Sul pianeta
di Francesco
c'è il sole!

2. *Rifletti!*

la neve

il sole

Guarda le ***parole colorate****. Anche queste sono nomi e finiscono con la lettera* **-e**.
Alcune sono maschili e altre femminili.

Guarda l'articolo che accompagna il nome e con una **X** *segna se il nome è maschile o femminile.*

(la) **neve** è ☐ maschile/femminile ☐

(il) **sole** è ☐ maschile/femminile ☐

3. *Scrivi cinque nomi che finiscono in* **-e**. *Poi disegnali.*

4. *Rifletti!*

Giulia dipinge le pareti!

E Francesco?
Raccoglie i fiori!

singolare		**plurale**
la parete	→	le pareti
il fiore	→	i fiori

I nomi che finiscono in **-e** quando sono tanti finiscono con la lettera _____ .

5. *Anche questi nomi finiscono in* **-e**. *Scrivili al plurale.*

nave  __________

salame  __________

giornale  __________

pettine  __________

verme  __________

cane  __________

Allo zoo

6. *Fai l'attività!*

Allo zoo ... gli animali con la **-e**...

Allo zoo ci sono anche:
quattro leoni,
un elefante,
tre rinoceronti,
due tigri e... il cane
del custode!

Scrivi le parole colorate qui sotto al posto giusto.

singolare	plurale

7. *Prova a completare questi nomi ricordandoti se finiscono in **-o** e **-a** oppure in **-e**.*

canarin____
isol____
nuvol____
sol____
tesor____

nav____
fenicotter____
cas____
bambol____
mar____

8. *Metti i nomi al posto giusto qui sotto e poi scrivi anche i plurali.*

lupo **pantera** **leone** **tigre**

<table>
<tr><th></th><th colspan="2">singolare</th><th colspan="2">plurale</th></tr>
<tr><td rowspan="2">nomi in -o e -a</td><td>maschile</td><td>femminile</td><td>maschile</td><td>femminile</td></tr>
<tr><td>lupo</td><td></td><td></td><td></td></tr>
<tr><td rowspan="2">nomi in -e</td><td colspan="2">maschile e femminile</td><td colspan="2">maschile e femminile</td></tr>
<tr><td colspan="2"></td><td colspan="2"></td></tr>
</table>

9. *Fai il cruciverba!*

Hai ricostruito la tabella di tutti i nomi!

La casa

1. *Leggi!*

La fata Viola ha una casa sugli alberi.

Il nano Damiano ha una casa dentro un albero.

Il pirata Occhiosolo e i suoi marinai hanno una barca come casa.

E tu, che casa hai?

Disegna la tua casa.

2. *Completa il verbo* ***avere*** *con le parole colorate di pag. 49.*

AVERE

singolare		plurale
Io **ho**		Noi **abbiamo**
Tu ___		Voi **avete**
Lui ___ 	Lei ___ 	Loro ___ 

3. *Collega le frasi alle immagini giuste.*

1. La sposa mangiona e il principe hanno due figli.
2. La strega ha una scopa.
3. Il pirata ha un occhio solo!
4. Wrptcl ha 937 anni.
5. Le fate hanno delle bacchette magiche.
6. Elettra ha un guscio.

a. 

b. 

c. 

d. 

e. 

f. 

La stanza

4. *Completa i fumetti con* ***ho***, ***hai***.

5. *Rispondi con una* X.

Tu che cos'**hai** nella tua stanza?

- ☐ Io ho un letto
- ☐ Io ho dei giocattoli
- ☐ Io ho delle bambole
- ☐ Io ho una playstation
- ☐ Io ho un armadio
- ☐ Io ho un tappeto volante
- ☐ Io ho una bacchetta magica
- ☐ Io ho una finestra

Il pianeta

6. *Completa i fumetti con* ***abbiamo/avete****.*

Francesco, Giulia, Elettra e il canarino giocano.

7. *Completa scegliendo la forma giusta del verbo* ***avere****.*

Giulia ______ (ho/avete/ha) sonno.

La strega ______ (hanno/ha/abbiamo) caldo.

La tartaruga e il canarino ______ (hanno/hai/ho) freddo.

Viola e le altre fate ______ (ho/avete/hanno) sete.

La sposa mangiona ______ (hai/ha/abbiamo) fame.

Francesco ______ (ha/abbiamo/ho) paura!

Chi è?

1. *Indovina chi è il personaggio! Scrivi il nome nello spazio.*

Ha il cappello grosso 

il naso lungo 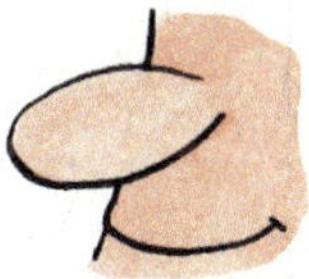

il mento peloso! 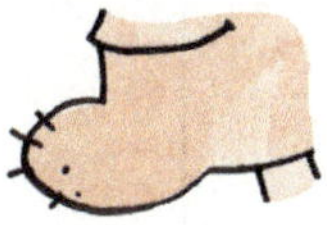

Ha i capelli biondi 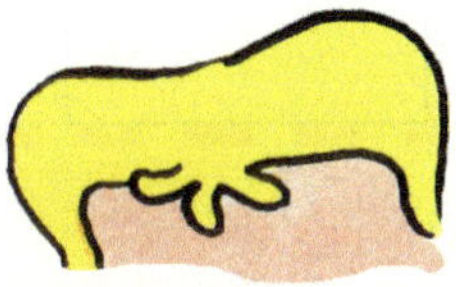

gli occhi azzurri 

il naso piccolo! 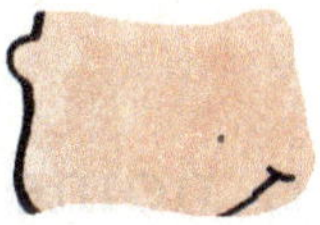

Ha il pelo bianco 

le zampe lunghe 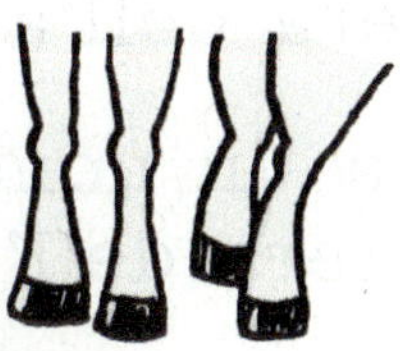

la coda nera 

2. *Rispondi alle domande e metti una x qui sotto.*

	uno	tanti	masch.	femm.
il cappello grosso è?	x		x	
il naso lungo è?				
il mento peloso è?				
i capelli biondi sono?				
gli occhi azzurri sono?				
il naso piccolo è?				
il pelo bianco è?				
le zampe lunghe sono?				
la coda nera è?				

*Le parole colorate si chiamano **aggettivi**.*
Stanno vicino ai nomi perché fanno capire come sono.

Rispondi ancora...

Quando l'aggettivo sta vicino a un nome che è **uno** e **maschile**, qual è l'ultima lettera dell'aggettivo? ______

Quando l'aggettivo sta vicino a un nome che è **uno** e **femminile**, qual è l'ultima lettera dell'aggettivo? ______

Quando l'aggettivo sta vicino a un nome che è **tanti** e **maschile**, qual è l'ultima lettera dell'aggettivo? ______

Quando l'aggettivo sta vicino a un nome che è **tanti** e **femminile**, qual è l'ultima lettera dell'aggettivo? ______

....hai trovato la regola per mettere gli aggettivi vicino ai nomi!

3. *Leggi e guarda i disegni. Con una* x *segna gli aggettivi.*

☐ Francesco ☐ è ☒ contento.

☐ Giulia ☐ è ☐ arrabbiata ☐ con ☐ Elettra.

☐ Il ☐ canarino ☐ è ☐ affamato.

☐ Il ☐ pirata ☐ grasso ☐ dorme.

☐ La ☐ tartaruga ☐ è ☐ lenta.

☐ Il ☐ cavallino ☐ è ☐ stanco.

☐ La ☐ strega ☐ è ☐ cattiva.

☐ La ☐ fata ☐ Viola ☐ è ☐ felice.

4. *Disegna e completa.*

	canarino / tartaruga	contento / arrabbiato
Uno e maschile	canarin**o** content**o** 	canarin**o** arrabbiat**o**
Uno e femminile	tartarug**a** ______ 	tartarug**a** ______
Tanti e maschili	canarin**i** ______	______ ______
Tanti e femminili	tartarugh**e** content**e**	______ ______

ALMA Edizioni

5. *Metti gli aggettivi al posto giusto nelle frasi.*

Il cavallino è __________ quando corre con Francesco.
La giraffa ha il collo __________.
Il robot mostro è __________.
Francesco è __________.
La fata Viola ha un occhio __________ e uno __________.
La strega ha una sciarpa __________.

biondo **cattivo** **lungo** **azzurro** **nero**

contento **nera**

Guarda la tabella!

singolare		plurale	
masch.	femm.	masch.	femm.
-o	-a	-i	-e

6. *Copia l'aggettivo giusto e scopri la ricetta segreta della strega!*

Un serpente	*arrabbiato*	arrabbiato/arrabbiata
Cinque topi	__________	grosse/grossi
Due gatti	__________	rossi/rossa
Tre stracci	__________	sporche/sporchi
Dei capelli	__________	bionda/biondi
Due rospi	__________	neri/nere

Lo zio

1. *Leggi!*

Lo zio Cosimo è venuto a trovare Giulia!

Guarda che cos'ha nello zaino!

Lo zucchero filato per il canarino,

il casco,

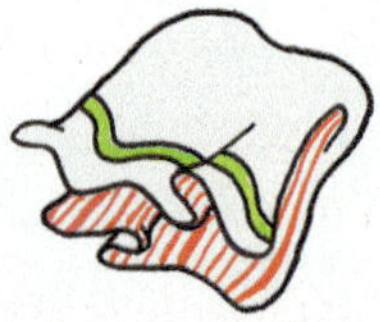

l'asciugamano,

lo spazzolino da denti,

lo scoiattolo Ugo per Elettra!

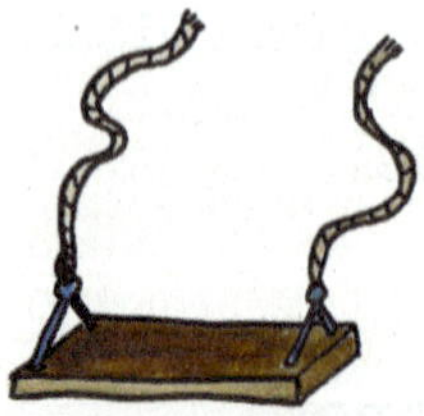

L'altalena per Giulia!

Il portafoglio,

l'ombrello,

l'aereo per Francesco.

2. *Copia qui sotto tutte le **parole colorate** di pag. 58, come nell'esempio.*

il	lo	l'
casco		

Guarda con attenzione la prima lettera delle parole che hai scritto.

Sotto **il** hai scritto parole che iniziano con:

Sotto **lo** hai scritto parole che iniziano con:

sotto **l'** hai scritto parole che iniziano con:

***Ricorda!** Nell'alfabeto alcune lettere si chiamano **consonanti** e altre **vocali**!*

vocali

A E I
O U

consonanti

B C D F
G H L M
N P Q R
S T V Z

Ora osserva di nuovo la tabella, poi leggi e collega con una freccia le frasi giuste.

L'articolo **il** accompagna	le parole maschili e femminili che iniziano con le vocali (a, e, i, o, u)
L'articolo **lo** accompagna	le parole maschili che iniziano con le consonanti (tranne alcune)
L'articolo **l'** accompagna	le parole maschili che iniziano con la s seguita da consonante, con la z....

Ti ricordi quale articolo accompagna le parole femminili (tranne quelle con le vocali)? Scrivilo qui! __________.
Se non ti ricordi vai a pag. 18

3. *Leggi la filastrocca, scegli l'articolo giusto e scrivilo sulla riga.*

____ zio di Giulia è molto strano,
lui non prende ____ aeroplano,
viaggia sopra ____ arcobaleno,

ha ____ zaino sempre pieno,
ha ____ cappello e ____ mantello,
non si scorda mai ____ ombrello,

con la neve
e con ____ sole
lui ha sempre
____ buonumore.

il l' lo
il lo il
il l' l'

4. *Fai l'attività!*

La strega ha rubato tutte queste parole
e le ha messe nella pentola!

Ricopiale nello spazio giusto.

lo | **il** | **l'**

5. *Osserva la tabella riassuntiva di tutti gli articoli singolari!*

Articoli determinativi singolari	
il	accompagna le parole maschili che iniziano con le consonanti (tranne alcune).
la	accompagna le parole femminili che iniziano con le consonanti.
lo	accompagna le parole maschili che iniziano con la s seguita da consonante, con la z...
l'	accompagna le parole maschili e femminili che iniziano con le vocali.

Ora fai un cerchio sull'articolo giusto.

La strega guarda **lo/il/la** zoo.

Cosimo fa volare **lo/l'/il** aquilone.

Francesco cavalca **la/l'/il** cavallino.

Lo/L' scarafaggio... è Giulia!

Il/L'/La canarino ama **l'/lo/il** zucchero filato.

La/L'/Il pirata Occhiosolo guarda **la/lo/l'**isola.

6. *Leggi.*

La strega è invidiosa!

Vuole i regali dello zio! Fa un altro incantesimo e ... li moltiplica!

Uno	**Tanti!**
il casco	i caschi
l'asciugamano	gli asciugamani
lo spazzolino	gli spazzolini
lo scoiattolo	gli scoiattoli
l'altalena	le altalene
il portafoglio	i portafogli
l'ombrello	gli ombrelli
l'aereo	gli aerei
lo zucchero filato	gli zuccheri filati

Ora completa.

L'articolo [il] al plurale diventa [i].

L'articolo [lo] al plurale diventa [ ].

L'articolo [l'] al plurale diventa [ ].
(quando la parola è maschile)

L'articolo [l'] al plurale diventa [ ].
(quando la parola è femminile)

Articoli determinativi plurali	
i	accompagna le parole maschili che iniziano con le consonanti (tranne alcune).
gli	accompagna le parole maschili che iniziano con la vocale, con la s seguita da consonante, con la z...
le	accompagna tutte le parole femminili.

7. *Osserva la tabella riassuntiva di tutti gli articoli plurali a pag. 62. Poi scrivi le frasi al plurale come nell'esempio e disegna.*

Francesco raccoglie **il fiore**.

Francesco raccoglie **i fiori**.

Giulia guarda **l'albero**.

Lo zio Cosimo apre **lo zaino**.

Francesco fa volare **l'aquilone**.

Il canarino gioca con **lo scoiattolo**.

Fate e nani

1. *Leggi!*

C'era una volta una fata.

C'era una volta la fata Viola.

Una e la sono articoli femminili singolari. Ma si usano in modo diverso.

*Una si usa quando **non** si conosce esattamente di chi si parla.*
La si usa quando si conosce di chi si parla.

2. *Disegna tu!*

C'era una volta un nano.

C'era una volta il nano Damiano.

Un e il sono articoli maschili singolari. Ma si usano in modo diverso.
Prova a completare!
Si usa quando non si conosce esattamente di chi si parla: _______
Si usa quando si conosce di chi si parla: _______

Attento!

uno spazzolino

uno zaino

Con le parole maschili che iniziano con la s seguita da consonante e con la z si usa uno!

3. *Metti gli articoli della lista al posto giusto.*

un **uno** **una** **una** **un**

Ci sono ______ bambina, ______ cagnolino
e ______ spaventapasseri.

La bambina e il cagnolino hanno paura perché lo spaventapasseri è proprio brutto!

Ma ______ notte la bambina e il cane si affacciano dalla finestra della loro casa e ... cosa vedono?
Lo spaventapasseri si trasforma in ______ principe!

Così la bambina e il cane diventano amici dello spaventapasseri-principe.

4. *Scrivi gli articoli e poi metti in ogni valigia le cose giuste, come nell'esempio.*

Si va in vacanza al mare!

un costume rosso

_____ tuta

_____ canotto

_____ libro

_____ spazzolino

_____ maschera subacquea

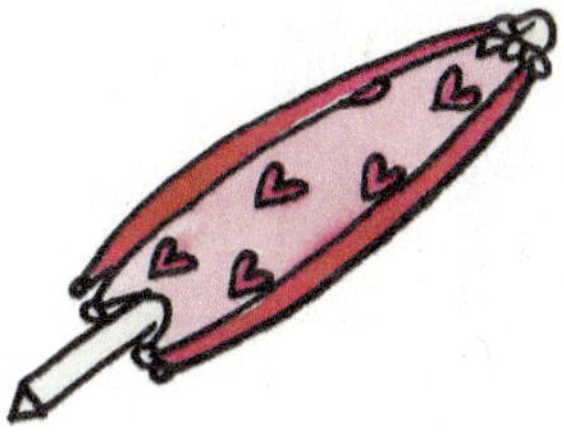

_____ ombrellone

_____ crema solare

_____ pallone

_____ asciugamano

_____ cappello

_____ zaino

_____ paio di pantaloncini

_____ vestito

Alice

1. *Leggi!*

Francesco ha una cugina!
Ecco Alice!

Alice nella vita ama ballare...
Alice balla...

Alice balla... e balla...

...Ma Alice è gentile...
Invita Francesco:
- Balli con me?

Alice, Francesco
e il canarino
ballano insieme.

2. *Osserva le parole colorate a pag. 68. Poi cerca di completare lo schema.*

ballare

singolare		plurale
Io **ball** - o		Noi **ball** - iamo
Tu **ball** - ____		Voi **ball** - ate
Lui **ball** - a	Lei **ball** - ____	Loro **ball** - ____

*Hai scritto il presente dei verbi che finiscono in **-are**!*

3. *Riflotti!*

Mentre balla
Alice canta.

*Osserva lo schema del verbo **ballare** e scrivi quello del verbo **cantare**.*

cantare

singolare		plurale
Io ____		Noi ____
Tu ____		Voi ____
Lui ____	Lei ____	Loro ____

4. *Osserva i disegni e unisci con una freccia i pezzi delle frasi.*

saltare

nuotare

camminare

mangiare

guardare

giocare

	1.La scimmia	a. guarda i bambini.
	2. Il coccodrillo	b. mangia la carne.
	3. Il leopardo	c. gioca con il piccolo.
	4. Il lupo	d. nuota nell'acqua.
	5. Il pellicano	e. salta sugli alberi.
	6. La giraffa	f. cammina nella gabbia.

5. *Osserva la tabella e metti i verbi al presente.*

ballare		
singolare		**plurale**
Io ballo		Noi balliamo
Tu balli		Voi ballate
Lui balla	Lei balla	Loro ballano

Il canarino (fotografare) ________ Alice.

Giulia e Francesco (parlare) ________ e Elettra (guardare) ________ le stelle.

Elettra (pensare) ________ allo scoiattolo Ugo.

6. *Scegli il verbo giusto.*

Alice ________ (cantano/canta/cantate) una canzone.

I nani e le fate ________ (ballano/balli/balliamo) insieme.

La strega ________ (mangi/mangia/mangiano) la torta di Elettra.

Il pirata Occhiosolo, Pipa, Capello e Coltello ________ (trovate/trova/trovano) il tesoro.

Il robot-mostro ________ (trasformiamo/trasforma/trasformo) tutti in mostri.

Il principe ________ (prepari/prepara/preparo) il minestrone.

Il luna park

1. *Leggi!*

Alice accompagna Giulia
e Francesco al luna park.

Stanno tutti sul trenino.
Il trenino corre veloce!

Ma le montagne russe corrono
molto più veloci!

Dentro il castello degli orrori...

2. *Osserva le **parole colorate** a pag. 72. Poi scrivile al posto giusto qui sotto.*

corr<u>ere</u>

singolare		plurale
Io corr**o**		Noi corr**iamo**
Tu ______		Voi corr**ete**
Lui ______	Lei corr**e**	Loro ______

*Hai scritto il presente dei verbi che finiscono in **-ere**!*

3. *Impara come si dice in italiano!*

scendere

scrivere

sorridere

leggere

cadere

vincere

4. *Scrivi il verbo giusto.*

Francesco e il canarino ______________ (scendono/scendiamo/scendi) dall'autoscontro.

Giulia ______________ (sorridete/sorride/sorridi) allo specchio.

Elettra ______________ (vinciamo/vinco/vince) un pesciolino.

Alice ______________ (scrivete/scrive/scrivi) una lettera.

Francesco ______________ (leggete/leggo/legge) l'insegna del castello degli orrori.

Giulia e Elettra ______________ (cadi/cadiamo/cadono) dal tappeto volante.

5. *leggi!*

Ora sono tutti stanchi e dormono sul tappeto volante.

6. *Leggi il presente dei verbi che finiscono in* ***-ire****.*

dormire		
singolare		**plurale**
Io **dorm** - o		Noi **dorm** - iamo
Tu **dorm** - i		Voi **dorm** - ite
Lui **dorm** - e	Lei **dorm** - e	Loro **dorm** - ono

Ora scrivi negli spazi vuoti i verbi che mancano.

	dormire	**sentire**	**partire**	**aprire**
Io	dormo			
Tu		senti		
Lui/Lei			parte	
Noi		sentiamo		apriamo
Voi	dormite			
Loro			partono	

7. Completa la lettera con i verbi al presente.

Alice scrive alla sua amica Stella.

Ciao Stella,
sono sul pianeta di Francesco. Noi qui ______ (giocare) e ______ (mangiare) tanti gelati.
Io ______ (scrivere) lettere e soprattutto ______ (ballare). Francesco ______ (leggere) i suoi libri. Tu, quando ______ (partire) e vieni qui?
Ti ______ (abbracciare),
tua Alice

8. Completa le frasi con i verbi della lista.

Francesco ______ la porta del castello degli orrori.

Il canarino ______ alla tartaruga Elettra.

Elettra ______ sulla panchina.

La strega ______ il libro degli incantesimi.

Alice ______ il luna park.

Giulia ______ un rumore... è la strega!

dorme **legge** **sorride** **sente** **apre** **fotografa**

ALMA Edizioni

Le foto

1. *Leggi!*

A casa Alice fa vedere le foto del luna park...

Le montagne russe... come sono veloci!

Francesco e il canarino sono felici sull'autoscontro!

Elettra è triste perché vuole un pesciolino!

Il castello degli orrori è grande!

2. Le *parole colorate* a pag. 77 sono aggettivi. Scrivili sotto ai nomi come nell'esempio e completa.

singolare		plurale	
maschile	**femminile**	**maschile**	**femminile**
Il castello degli orrori *grande*	Elettra ____	Francesco e il canarino ____	Le montagne russe ____
lettera finale degli aggettivi -____		lettera finale degli aggettivi -____	

Quando l'aggettivo sta vicino a un nome che è **singolare** e **maschile**, l'ultima lettera dell'aggettivo è la ____.

Quando l'aggettivo sta vicino a un nome che è **singolare** e **femminile** l'ultima lettera dell'aggettivo è la ____.

Quando l'aggettivo sta vicino a un nome che è **plurale** e **maschile**, l'ultima lettera dell'aggettivo è la ____.

Quando l'aggettivo sta vicino a un nome che è **plurale** e **femminile**, l'ultima lettera dell'aggettivo è la ____.

> *....hai trovato la regola per mettere questi aggettivi vicino ai nomi!*
> *Questi aggettivi si chiamano* ***aggettivi in -e****.*

3. *Impara questi aggettivi in* **-e**!

gentile 

terribile 

verde 

arancione 

4. *Trova gli aggettivi che hai visto nelle attività 1 e 3 e scrivili accanto ai disegni.*

Gli aggettivi sono scritti in queste direzioni: → ↓ ↖ ↘

B	L	L	A	G	R	A	N	D	E	S	A	T	A	Z
F	R	F	F	E	R	U	Z	M	N	R	R	E	O	L
E	O	F	I	C	D	E	D	F	E	L	I	C	E	G
T	T	V	R	E	O	N	M	I	F	F	E	G	A	T
M	G	E	N	T	I	L	E	E	T	R	I	S	T	E
A	M	R	A	M	C	F	I	G	R	A	T	T	E	Z
R	A	D	L	O	A	T	O	R	O	B	E	R	R	E
T	A	E	N	L	U	R	R	I	F	R	U	T	R	A
P	K	G	I	N	O	H	A	G	I	A	M	P	I	T
L	I	C	O	V	E	L	E	N	M	A	R	I	B	R
A	M	I	C	E	M	A	U	I	C	N	N	O	I	E
R	O	L	O	L	I	B	A	L	D	I	C	A	L	D
H	L	Q	U	O	S	D	L	E	A	N	O	O	E	R
P	Z	H	Z	C	F	O	X	B	A	A	N	N	S	C
C	A	T	Z	E	L	G	Y	I	N	D	E	L	E	E

 ____________

 ____________

 ____________

 ____________

 ____________

 ____________

 ____________

 ____________

5. *Guarda la tabella degli aggettivi in* ***-e****. Poi cancella l'aggettivo sbagliato.*

Aggettivi in -e	
singolare maschile e femminile	plurale maschile e femminile
-e la fata felic**e** il nano felic**e**	**-i** le fate felic**i** i nani felic**i**

Stella ha gli occhi **grandi/grande** e **verde/verdi**.

Racconta sempre molte storie **divertente/divertenti**.

Alice parla della sua amica Stella.

È **intelligenti/intelligente** ...legge molti libri di storia e di scienze.

Insomma, è una ragazza **felice/felici**.

Francesco e Giulia

1. *Leggi!*

Dopo il viaggio al luna park tutti sono molto stanchi...

Mentre Giulia dorme
in un letto
la tartaruga sta in
un cassetto.

Il canarino
su un albero
vola mentre
Francesco va
a scuola.

E mentre Alice
si riposa
anche la strega
torna a casa.

Osserva le parole colorate. Si chiamano ***preposizioni*** *e servono per unire le parole nelle frasi.*

2. *Completa le frasi con la preposizione giusta.*

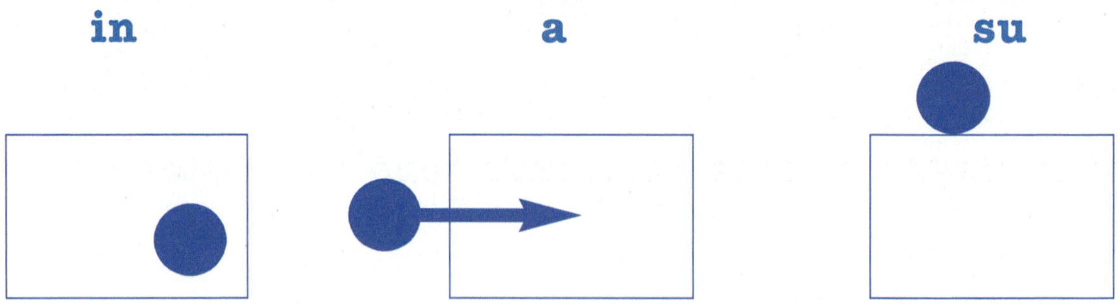

Alice va ______ casa di Francesco.

Lo zio vola ______ un arcobaleno.

Il canarino gioca ______ giardino.

3. *Riscrivi in ordine le frasi.*

1. **va casa Giulia a**

Giulia ______________________________

2. **corre in Francesco giardino**

____

3. **in vive un bosco il nano Damiano**

____

4. **una reggia la sposa mangiona vive in**

____

5. **un albero il canarino su dorme**

____

6. **in vive un pianeta lontano lontano il robot mostro**

____

4. *Disegna.*

Giulia torna **a** casa.

Il Pirata Occhiosolo dorme **in** una barca.

Francesco vola **su** un tappeto volante.

5. *Leggi la frase.*

La fata Viola cammina **nel** bosco

*La preposizione **in** si nasconde nella parola **nel**!*
*In è amica dell'articolo **il**. Insieme diventano **nel**.*

*Ora prova tu. Dove si nasconde la preposizione **su**? Cerchia la parola.*

La strega vola sulla scopa.

*Dove si nasconde la preposizione **a**? Cerchia la parola.*

Giulia e Elettra vanno al mare.

*Dove si nasconde la preposizione **in**? Cerchia la parola.*

Il pirata Occhiosolo vive nell'isola.

*Quando le preposizioni e gli articoli diventano una parola sola si chiamano **preposizioni articolate**!*

Preposizioni articolate

	il	lo	la	i	gli	le	l'
in	nel	nello	nella	nei	negli	nelle	nell'
a	al	allo	alla	ai	agli	alle	all'
su	sul	sullo	sulla	sui	sugli	sulle	sull'

6. *Cerchia la preposizione giusta.*

Giulia e Francesco sono felici sui loro pianeti.

A volte giocano **nello/nei/nel** giardino di Francesco.

A volte prendono il sole **sulla/sull'/sullo** spiaggia.

A volte vanno **ai/alle/al** cinema.

A volte vanno **ai/allo/al** zoo.

A volte ascoltano la musica sdraiati **sull'/sulle/sui** erba.

A volte mangiano **nella/nello/nell'** cucina di Giulia.

Nonna Betta

1. *Leggi!*

Nel pianeta di
nonna Betta

c'è una mucca
con la maglietta,

un vitello con
il cappello

ed un toro con
il mantello.

Nel pianeta di
nonna Betta

tre galline con
la bicicletta

e poi un'oca
con il tacchino

fanno un giro
con il trenino.

*Osserva le **parole colorate**.*
Anche queste sono preposizioni.

2. *Rifletti!*

Quando una cosa appartiene a qualcuno...

si usa la preposizione ______

Quando una cosa sta insieme a un'altra...

si usa la preposizione ______

Attento! Anche la preposizione di fa amicizia con gli articoli!

Preposizioni articolate							
	il	**lo**	**la**	**i**	**gli**	**le**	**l'**
di	del	dello	della	dei	degli	delle	dell'

Undici fanciulle coraggiose

3. *Completa con la preposizione giusta. Devi usare solo una preposizione!*

con **di**

Undici fanciulle coraggiose
partono ________ la bici.
Una s'innamora di un fiore
e ne restano solo dieci.

Dieci fanciulle coraggiose
partono ________ la nave.
Una diventa amica delle sirene
e ne restano solo nove.

Nove fanciulle coraggiose
partono ________ il canotto.
Una la prendono le onde
e ne restano solo otto.

4. *Continua tu! Completa le frasi e disegna come negli esempi.*

Otto fanciulle coraggiose partono con *il cammello.*

Sette fanciulle coraggiose partono con *un razzo spaziale.*

Sei ______________________
______________ la macchina.

____
______________ il cavallo.

____
______________ l'aereo.

____
______________ l'autobus.

____
______________ il treno.

____
parte ________ la moto.

5. *Riscrivi in ordine le frasi.*

1. **un razzo spaziale** **partono** **con** **sette fanciulle**

Sette fanciulle ______________________________

2. **fanciulle** **la nave** **grande** **è** **delle**

La nave ______________________________

3. **di** **si innamora** **un fiore** **una fanciulla**

Una fanciulla ______________________________

4. **corrono** **la bici** **le fanciulle coraggiose** **con**

Le fanciulle coraggiose ______________________________

6. *Metti le preposizioni della lista al posto giusto, come nell'esempio.*

delle ~~**con**~~ **di** **con** **del** **con** **di** **di**

L'ultima fanciulla parte *con* la moto, ma si stanca e torna a casa. Anche le altre fanciulle sono lì! Una gioca ______ una sirena. Una ha in mano un pezzo ______ stella. Una gioca ______ la sabbia ______ deserto. Una ha un mazzo ______ fiori... La casa ______ fanciulle è piena ______ ricordi!

Occhiosolo

1. *Leggi!*

Il pirata Occhiosolo, Pipa, Capello e Coltello sono sulla piccola isola dietro tre grandi isole.

Trovano il tesoro!

2. *Osserva le parole colorate di pag. 91. Sono possessivi.*

I possessivi servono a dire di chi è una cosa.

Prova a completare lo schema: scrivi le **parole colorate** di pag. 91 al posto giusto qui sotto e fai accanto i disegni.

	Possessivi - singolare		
	Maschile	Femminile	
	il ______ anello	la ______ corona	
	il ______ mantello	la ______ cintura	
	il ______ trenino	la ______ cioccolata	
	il ______ tesoro	la nostra barca	
	il vostro tappeto	la vostra isola	
	il loro bosco	la loro reggia	

3. *Scrivi il possessivo giusto nei fumetti.*

4. *Unisci le frasi ai personaggi, come nell'esempio.*

1. Nel suo pianeta ci sono le giraffe.
2. Nella sua casa c'è un gatto nero.
3. La loro barca è vecchia.
4. Il loro principe è Damiano.
5. Annaffia il suo albero e spuntano tanti alberi!

a. Francesco

b. la strega

c. Giulia

e. i pirati

d. i nani

5. *Fai l'attività!*

Ma se le cose sono tante? Ecco i possessivi al plurale! **Scegli degli oggetti da scrivere e disegnare** e prova tu a completare lo schema.

	Possessivi - plurale		
	Maschile	Femminile	
	i miei anelli		le mie corone
	i tuoi ________		le tue ________
	i suoi ________		le sue ________
	i nostri ________		le nostre ________
	i vostri ________		le vostre ________
	i loro ________		le loro ________

6. *Guarda la tabella e completa la lettera di Alice con i possessivi giusti.*

Pronomi possessivi			
mio	**mia**	**miei**	**mie**
tuo	tua	tuoi	tue
suo	sua	suoi	sue
nostro	nostra	nostri	nostre
vostro	vostra	vostri	vostre
loro	loro	loro	loro

Osserva: loro *è sempre uguale al maschile, al femminile, al singolare e al plurale!*

Ciao Stella,

sono sul pianeta di Francesco con tutti i ______ amici.

Francesco annaffia i ______ alberi e gioca con il ______ canarino. Giulia e Elettra giocano con le ______ bambole. C'è anche il nano Damiano con le ______ amiche fate e ci sono i pirati con il ______ tesoro. Io sto bene, ma mi manchi un po' tu, la ______ amica del cuore! Come sta la ______ cagnolina Luna?

Ti abbraccio
tua Alice

loro – miei – tua – sue – suo – loro – suoi – mia

Stella e il re dei sogni

1. *Leggi!*

Cara Alice,

ti devo raccontare una cosa molto importante.

Ieri sono andata a fare una passeggiata in riva al mare e ho visto qualcuno che dormiva sulla spiaggia.

Era il re dei sogni! Lui dorme di giorno perché di notte porta i sogni ai bambini. Abbiamo parlato tanto e lui mi ha regalato una stella marina.

Ora siamo fidanzati! Lui è molto bello e ha le ali perché la notte deve volare veloce. Sono felice!

Vieni presto!

Baci

Stella

2. *Leggi, scrivi e rispondi.*

ieri

oggi

domani?

Osserva le parole colorate a pag. 96. Raccontano quello che Stella ha fatto ieri. Scrivile negli spazi sotto ai disegni.

sono andata

____

____

____

> *Quelli che hai scritto sono verbi al* ***passato prossimo****.*
> *Servono per raccontare fatti del passato.*

3. *Leggi e completa.*

Il passato prossimo si fa con il verbo ***avere****:*

abbiamo *parlato* ***ho*** *visto* ***ha*** *regalato*

o con il verbo ***essere****:* ***sono*** *andata*

Prova a completare tu!

Passato prossimo Parlare	
Io	ho parlato
Tu	hai parlato
Lui/Lei	ha parlato
Noi 	___ ______
Voi	avete parlato
Loro	hanno parlato

Passato prossimo Andare	
Io 	___ ______o/a
Tu	sei andato/a
Lui/Lei	è andato/a
Noi	siamo andati/e
Voi	siete andati/e
Loro	sono andati/e

4. *Impara come si dice in italiano!*

lavorare

salire

portare

raccontare

cacciare

dare

5. *Leggi il testo. Poi scrivi i verbi al passato prossimo dividendoli in due colonne: verbi con* ***avere*** *e verbi con* ***essere****.*

Il re dei sogni questa notte **ha lavorato** tanto. **Ha cantato** ninne nanne ai bambini piccoli. **È andato** da un bambino che piangeva e gli **ha raccontato** un bellissimo sogno. **È salito** sui tetti e **ha cacciato** gli orchi e le streghe. A Giulia **ha portato** un sogno con il mare. A Francesco **ha regalato** un sogno con le ali.

Passato prossimo	
con avere	**con essere**

6. *Leggi e completa con i verbi della lista.*

ha dato **ha lavorato** **è salito** **ha raccontato**

Francesco ______________ su un aereo.

Giulia ______________ un regalo a Ernesto.

Giulia ______________ una fiaba.

Francesco ______________ molto.

7. *Unisci con una freccia i pezzi delle frasi.*

1. Stella ha scritto

2. Lo zio è arrivato

3. Elettra ha mangiato

4. Il principe ha sposato

a. la sposa mangiona.

b. la torta con la panna.

c. una lettera ad Alice.

d. sul pianeta di Giulia.

8. *Non si capisce niente! Metti a posto le frasi.*

è al andata Stella mare

Stella ______________________________

Francesco salito un su è aereo

Francesco ______________________________

ha con giocato il canarino il cavallino

Il canarino ______________________________

preparato pozione la strega ha una

La strega ______________________________

Il re dei sogni

1. *Leggi.*

Il re dei sogni da piccolo
era molto triste.

Giocava, ma era triste.

Leggeva, ma era triste.

Guardava la televisione,
ma era triste.

Non usciva mai di casa
ed... era triste.

Sognava paesi lontanti,
sognava animali,
sognava castelli e
cavalieri ma... era triste.

Poi è cresciuto e ha capito!
Gli sono spuntate le ali e
ha cominciato a portare
i sogni ai bambini, di notte.

E ora...
è contento!

2. *Osserva le parole colorate di pag. 101 e scrivile negli spazi sotto ai disegni.*

Il re dei sogni ...da piccolo

era molto triste

non

...ora è contento!

*Quelli che hai scritto sono verbi all'**imperfetto**. Servono per raccontare fatti del passato che sono durati un po' di tempo o che si sono ripetuti più volte. Ad esempio: il re dei sogni era triste per tanti giorni, sognava tante volte...*

imperfetto			
	giocare	leggere	uscire
Io	giocavo	leggevo	uscivo
Tu	giocavi	leggevi	uscivi
Lui/Lei	giocava	leggeva	usciva
Noi	giocavamo	leggevamo	uscivamo
Voi	giocavate	leggevate	uscivate
Loro	giocavano	leggevano	uscivano

Francesco e Giulia

3. *Leggi e completa.*

Da piccoli...

Alice ________ la musica e ________!

Francesco ________ sempre.

Il canarino non ________.

La strega ________ brutta.

Lo zio di Giulia ________ con l'arcobaleno.

Giulia ________ grassottella e sorridente.

volava **ballava** **ascoltava** **piangeva** **era** **era** **giocava**

4. *Osserva la tabella e fai il cruciverba!*

Imperfetto			
	giocare	leggere	uscire
Io	giocavo	leggevo	uscivo
Tu	giocavi	leggevi	uscivi
Lui/Lei	giocava	leggeva	usciva
Noi	giocavamo	leggevamo	uscivamo
Voi	giocavate	leggevate	uscivate
Loro	giocavano	leggevano	uscivano

In vacanza, l'anno scorso...

1. lo zio - **pescare**

2. Giulia - **nuotare**

3. Elettra e il canarino - **giocare**

4. il cavallino - **correre**

5. Alice - **ballare**

6. la strega - **gridare**

7. Occhiosolo - **leggere**

8. i nani e le fate - **mangiare**

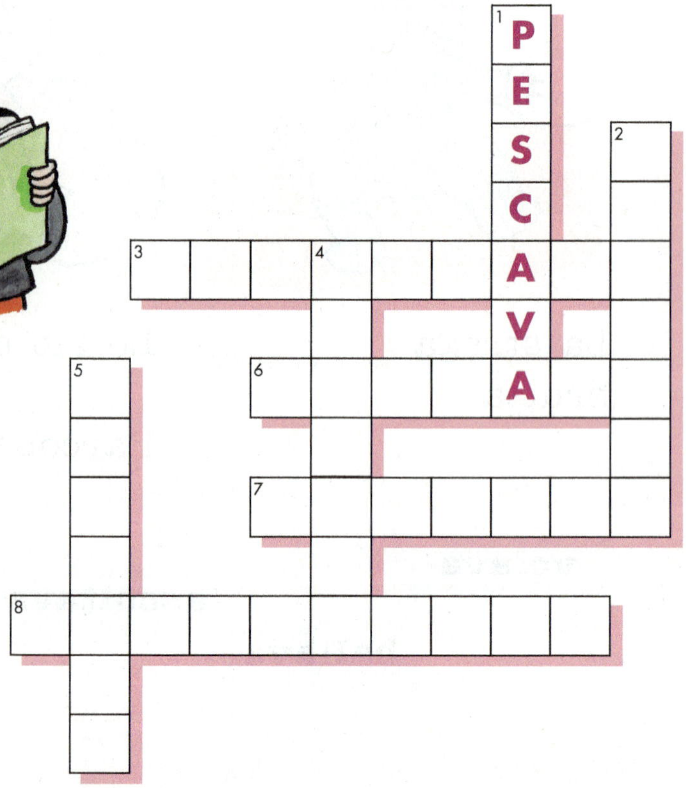

Test di autovalutazione

Il futuro dei personaggi

Fai il test! Metti le parole nei posti giusti e poi controlla le soluzioni a pagina 111 e scopri quanti punti hai fatto!

femmina sogni figli bambini maschio

Stella e il Re dei sogni si sposano. Hanno due ________, un ________ e una ________. Qualche volta vanno tutti insieme a portare i ________ ai ________!

Ho fatto ___ punti su/5

mangiano lavorano vanno aprono

La sposa mangiona e il principe ________ un ristorante. Pipa, Capello e Coltello ________ con loro. Qualche volta Giulia, Francesco e gli altri ________ a trovarla e ________ dei buonissimi piatti di... minestrone!

Ho fatto ___ punti su/4

è diventato ha trovato ha studiato

Occhiosolo non fa più il pirata. Nel tesoro ____________ molti libri e ____________ molto. Così ____________ un maestro e ora insegna in una scuola del pianeta di Francesco.

Ho fatto ___ punti su/3

gialle grande brava rosse bella lungo

Alice diventa una _______ ballerina. Un giorno tutti i suoi amici vanno a vederla. Ha un vestito _______ con le righe _______ e _______. In testa ha un _______ cappello. È molto _______!

Ho fatto ___ punti su/6

buone grandi contenta vecchia

La strega è ________. Sta nella sua casa a preparare delle torte ________ e ________. Quando Nonna Betta va a trovarla lei è ________!

Ho fatto ___ punti su/4

neri alto azzurri basso

Viola e Damiano si sposano e fanno qualche figlio ________ e qualche figlio ______, qualche figlio con gli occhi ________ e qualche figlio con gli occhi ________.

Ho fatto ___ punti su/4

mille undici

Le ________ fanciulle coraggiose si trasferiscono nel pianeta di Zkvcl e vivono ________ anni.

Ho fatto ___ punti su/2

di nello a di con

Ho fatto ___ punti su/5

Giulia ed Elettra viaggiano ______ spazio ______ lo zio ______ Giulia. Vedono molte cose, conoscono molti pianeti. Alla fine Giulia torna ______ casa e si mette a scrivere libri ______ avventure. Elettra la aiuta!

i lo le il i i il i il

Ho fatto ___ punti su/9

Francesco studia ______ piante e fa _____ scienziato. ______ suo pianeta è pieno di strani esperimenti! A volte invita _____ suoi amici e fa vedere _____ suoi fiori e ______ suoi alberi! _____ canarino e ____ cavallino sono ______ suoi assistenti!

Test di autovalutazione

Tavola dei verbi regolari

Primo gruppo: **-ARE**

AMARE	Presente	Passato prossimo	Imperfetto
AM**ARE**	Io amo Tu ami Lui/Lei ama Noi amiamo Voi amate Loro amano	Io ho amato Tu hai amato Lui/Lei ha amato Noi abbiamo amato Voi avete amato Loro hanno amato	Io amavo Tu amavi Lui/Lei amava Noi amavamo Voi amavate Loro amavano

Secondo gruppo: **-ERE**

	Presente	Passato prossimo	Imperfetto
SCRIV**ERE**	Io scrivo Tu scrivi Lui/Lei scrive Noi scriviamo Voi scrivete Loro scrivono	Io ho scritto Tu hai scritto Lui/Lei ha scritto Noi abbiamo scritto Voi avete scritto Loro hanno scritto	Io scrivevo Tu scrivevi Lui/Lei scriveva Noi scrivevamo Voi scrivevate Loro scrivevano

Terzo gruppo: **-IRE**

	Presente	Passato prossimo	Imperfetto
DORM**IRE**	Io dormo Tu dormi Lui/Lei dorme Noi dormiamo Voi dormite Loro dormono	Io ho dormito Tu hai dormito Lui/Lei ha dormito Noi abbiamo dormito Voi avete dormito Loro hanno dormito	Io dormivo Tu dormivi Lui/Lei dormiva Noi dormivamo Voi dormivate Loro dormivano

Tavola dei verbi irregolari

	Presente	Passato prossimo	Imperfetto
ANDARE	Io vado Tu vai Lui/Lei va Noi andiamo Voi andate Loro vanno	Io sono andato/a Tu sei andato/a Lui/Lei è andato/a Noi siamo andati/e Voi siete andati/e Loro sono andati/e	Io andavo Tu andavi Lui/Lei andava Noi andavamo Voi andavate Loro andavano
AVERE	Io ho Tu hai Lui/Lei ha Noi abbiamo Voi avete Loro hanno	Io ho avuto Tu hai avuto Lui/Lei ha avuto Noi abbiamo avuto Voi avete avuto Loro hanno avuto	Io avevo Tu avevi Lui/Lei aveva Noi avevamo Voi avevate Loro avevano
DARE	Io do Tu dai Lui/Lei dà Noi diamo Voi date Loro danno	Io ho dato Tu hai dato Lui/Lei ha dato Noi abbiamo dato Voi avete dato Loro hanno dato	Io davo Tu davi Lui/Lei dava Noi davamo Voi davate Loro davano
DIRE	Io dico Tu dici Lui/Lei dice Noi diciamo Voi dite Loro dicono	Io ho detto Tu hai detto Lui/Lei ha detto Noi abbiamo detto Voi avete detto Loro hanno detto	Io dicevo Tu dicevi Lui/Lei diceva Noi dicevamo Voi dicevate Loro dicevano
DOVERE	Io devo Tu devi Lui/Lei deve Noi dobbiamo Voi dovete Loro devono	Io ho dovuto Tu hai dovuto Lui/Lei ha dovuto Noi abbiamo dovuto Voi avete dovuto Loro hanno dovuto	Io dovevo Tu dovevi Lui/Lei doveva Noi dovevamo Voi dovevate Loro dovevano
ESSERE	Io sono Tu sei Lui/Lei è Noi siamo Voi siete Loro sono	Io sono stato/a Tu sei stato/a Lui/Lei è stato/a Noi siamo stati/e Voi siete stati/e Loro sono stati/e	Io ero Tu eri Lui/Lei era Noi eravamo Voi eravate Loro erano
FARE	Io faccio Tu fai Lui/Lei fa Noi facciamo Voi fate Loro fanno	Io ho fatto Tu hai fatto Lui/Lei ha fatto Noi abbiamo fatto Voi avete fatto Loro hanno fatto	Io facevo Tu facevi Lui/Lei faceva Noi facevamo Voi facevate Loro facevano
POTERE	Io posso Tu puoi Lui/Lei può Noi possiamo Voi potete Loro possono	Io ho potuto Tu hai potuto Lui/Lei ha potuto Noi abbiamo potuto Voi avete potuto Loro hanno potuto	Io potevo Tu potevi Lui/Lei poteva Noi potevamo Voi potevate Loro potevano
VOLERE	Io voglio Tu vuoi Lui/Lei vuole Noi vogliamo Voi volete Loro vogliono	Io ho voluto Tu hai voluto Lui/Lei ha voluto Noi abbiamo voluto Voi avete voluto Loro hanno voluto	Io volevo Tu volevi Lui/Lei voleva Noi volevamo Voi volevate Loro volevano

Soluzioni

Capitolo 1

Attività 2

C come cavallino - F come Francesco - I come isola - N come nani - O come Occhiosolo - R come re dei sogni - S come strega - V come Viola.

Attività 3

Abraham - *Betta* - *Claudio* - Daniel - Enrico - Federica - Giorgio - Hamid - Ilaria - Lorenzo - Mark - Nino - Ornella - Paola - Quinto - Roberta - Sara - Tommaso - Umberto - Veronica - Zaira.

Capitolo 2

Attività 2

Maschile: Francesco - amico - canarino - Ernesto. **Femminile**: *Giulia* - amica - tartaruga - Elettra.

Attività 4

Cose femminili di Giulia: *bambola* - matita - casetta - trottola - giraffa - montagna - stella - torta. **Cose maschili di Francesco**: albero - trenino - cavallino - tappeto volante - castello - prato - coniglio - gelato.

Attività 5

S T R E G A

Attività 6

Maschili: armadio - cappello - *camino* - vestito - gatto. **Femminili**: gabbia - scopa - pentola.

Attività 7

M - M - F - M - F - M; F - M - M - F - F - F.

Attività 8

Prima colonna: -a, -o, -a, -a, -a; *seconda colonna:* -a, -o, -a, -o, -o.

Capitolo 3

Attività 2

Nomi maschili: *il* canarino - il cavallino. **Nomi femminili**: la tartaruga - la torta - la panna.

Attività 3

la tuta - il vestito - il fiocco - il cappello - la gonna - la collana - la maglietta - il berretto - la camicia - la sciarpa.

Attività 4

il: lupo - fenicottero - leopardo - coccodrillo - pinguino - pellicano; **la:** pantera - scimmia - giraffa - foca.

Attività 5

Prima colonna: il, il, la, la, il, il; *seconda colonna:* la, il, la, la, la, la.

Attività 6

il - il - la - Il - il - il - il - la - la.

Capitolo 4

Attività 2

-i, **-e**.

Attività 4

macchine - penne - temperini - bambole - cappelli - gonne - quaderni - libri.

Attività 5

Uno: barca - tesoro - mappa - isola. **Tanti**: marinai - isole.

Attività 6

Singolare maschile: cielo - vento - tramonto. **Singolare femminile**: *luna* - pioggia. **Plurale maschile**: alberi - rami. **Plurale femminile**: stelle - nuvole - foglie.

Attività 7

pantere - lupi - coccodrilli - giraffe - fenicotteri.

Attività 8

Singolare: *pantera* - lupo - coccodrillo - giraffa - *fenicottero* - *pinguino*. **Plurale**: pantere - *lupi* - *coccodrilli* - *giraffe* - fenicotteri - pinguini.

Capitolo 5

Attività 2

Singolare: Io - Tu - Lui - Lei. **Plurale**: Noi - Voi - Loro.

Attività 3

Tu.

Attività 4

io - lei - lui - io - tu - noi - loro.

Attività 5

Essere: Io *sono* - Tu sei - Lui *è* - Lei è - Noi siamo - Voi siete - Loro sono.

Attività 8

è - è - è - è - è - è - siamo - sono - siamo.

Capitolo 6

Attività 2

il - i; la - le.

Attività 3

i rami - **le** foglie - **le** pentole - **le** stelle - **i** cappelli - **le** collane.

Attività 4

Singolare maschile: il - il. **Singolare femminile**: la - la - la - la - la. **Plurale maschile**: *i* - i. **Plurale femminile**: le - le.

Attività 5

I - le - Il - la - Le - la - le - I - i - la.

Attività 6

la camicia - **il** pigiama - **La** strega, **il** camino - **I** nani - **Le** fate.

Capitolo 7

Attività 2

uno - due - tre - quattro - cinque - sei - sette - otto - nove - dieci.

Attività 3

quattro - due - sette - *?* - cinque - uno.

Attività 5

nove - dieci - quattordici - dieci - tre - quattro - sedici - due.

Attività 7

cento - ottanta - venti - venti.

Attività 8

80 ottanta - 27 ventisette - 14 quattordici - 34 trentaquattro - 5 cinque.

Capitolo 8

Attività 2

femminile - maschile.

Attività 4

-i.

Attività 5

navi - salami - giornali - pettini - vermi - cani.

Attività 6

Singolare: elefante - cane. **Plurale**: leoni - rinoceronti - tigri.

Attività 7

Prima colonna: -o, -a, -a, -e, -o; *seconda colonna:* -e, -o, -a, -a, -e.

Attività 8

Nomi in **-o** e **-a**: *lupo* (singolare maschile); pantera (singolare femminile). Nomi in **-e**: leone - tigre (maschile e femminile). *Plurali:* lupi - pantere - leoni - tigri.

Attività 9

1. pettine - 2. neve - 3. salame - 4. fiore - 5. giornale - 6. sole - 7. leone.

Capitolo 9

Attività 2

Avere: Io *ho* - Tu hai - Lui ha - Lei ha - Noi *abbiamo* - Voi *avete* - Loro hanno.

Attività 3

1 - e; 2 - d; 3 - a; 4 - c; 5 - f; 6 - b.

Attività 4

ho - hai - ho.

Attività 6

abbiamo - avete - abbiamo.

Attività 7

Giulia **ha** - La strega **ha** - La tartaruga e il canarino **hanno** - Viola e le altre fate **hanno** - La sposa mangiona **ha** - Francesco **ha**.

Capitolo 10

Attività 1

Strega, Francesco, cavallino.

Attività 2

uno e maschile - uno e maschile - uno e maschile - tanti e maschili - tanti e maschili - uno e maschile - uno e maschile - tanti e femminili - una e femminile. **-o** / **-a** / **-i** / **-e**.

Attività 3

contento - arrabbiata - affamato - grasso - lenta - stanco - cattiva - felice.

Attività 4

canarino contento - *canarino arrabbiato* - *tartaruga* contenta - *tartaruga* arrabbiata - *canarini* contenti - canarini arrabbiati - *tartarughe contente* - tartarughe arrabbiate.

Attività 5

contento - lungo - cattivo - biondo - azzurro - nero - nera.

Attività 6

arrabbiato - grossi - rossi - sporchi - biondi - neri.

Capitolo 11

Attività 2

Il: *casco*, portafoglio. - **Lo**: zucchero filato, spazzolino, scoiattolo. - **L'**: asciugamano, altalena, ombrello, aereo.
c, p / sp, sc, z / a, a, o, a. L'articolo **il** accompagna le parole maschili che iniziano con le consonanti (tranne alcune) - L'articolo **lo** accompagna le parole maschili che iniziano con la *s* seguita da consonante, con la *z*... - L'articolo **l'** accompagna le parole maschili e femminili che iniziano con le vocali (a, e, i, o, u).

Attività 3

Lo - l' - l' - lo - il - il - l' - il - il.

Attività 4

Lo: scoiattolo, zio, zucchero, scarafaggio. - **Il**: cavallino, canarino. - **L'**: isola, aquilone, elefante.

Attività 5

lo - l' - il - Lo - Il - lo - Il - l'.

Attività 6

il - *i*; *lo* - gli; *l'* - gli; *l'* - le.

Attività 7

Giulia guarda gli alberi. - Lo zio Cosimo apre gli zaini. - Francesco fa volare gli aquiloni. - Il canarino gioca con gli scoiattoli.

Capitolo 12

Attività 2

un - il.

Attività 3

una - un - uno - una - un.

Attività 4

un costume rosso - una tuta - un canotto - un libro - un ombrellone - una crema solare - uno spazzolino - una maschera subacquea - un pallone - un cappello - un asciugamano - uno zaino - un paio di pantaloncini - un vestito.

Capitolo 13

Attività 2

Ballare: lo *ballo* - Tu balli - Lui *balla* - Lei balla - Noi *balliamo* - Voi *ballate* - Loro ballano.

Attività 3

lo canto - Tu canti - Lui canta - Lei canta - Noi cantiamo - Voi cantate - Loro cantano.

Attività 4

1 - e; 2 - d; 3 - f; 4 - b; 5 - a; 6 - c.

Attività 5

fotografa - parlano - guarda - pensa.

Attività 6

canta - ballano - mangia - trovano - trasforma - prepara.

Capitolo 14

Attività 2

Correre: lo *corro* - Tu corri - Lui corre - Lei *corre* - Noi *corriamo* - Voi *correte* - Loro corrono.

Attività 4

scendono - sorride - vince - scrive - legge - cadono.

Attività 6

Dormire: lo *dormo* - Tu dormi - Lui/Lei dorme - Noi dormiamo - Voi *dormite* - Loro dormono. **Sentire**: lo sento - Tu *senti* - Lui/Lei sente - Noi *sentiamo* - Voi sentite - Loro sentono. **Partire**: lo parto - Tu parti - Lui/Lei *parte* - Noi partiamo - Voi partite - Loro *partono*. **Aprire**: lo apro - Tu apri - Lui/Lei apre - Noi *apriamo* - Voi aprite - Loro aprono.

Attività 7

giochiamo - mangiamo - scrivo - ballo - legge - parti - abbraccio.

Attività 8

apre - sorride - dorme - legge - fotografa - sente.

Capitolo 15

Attività 2

Sing. masc.: *grande*; **sing. femm.:** triste; **plur. masc.:** felici; **plur. femm.:** veloci. *Singolare maschile e femminile:* **-e**; *Plurale maschile e femminile:* **- i**.

Attività 4

B	L	L	A	G	R	A	N	D	E	S	A	T	A	Z
F	R	F	F	E	R	U	Z	M	N	R	R	E	O	L
E	O	F	I	C	D	E	D	F	E	L	I	C	E	G
T	T	V	R	E	O	N	M	I	F	F	E	G	A	T
M	G	E	N	T	I	L	E	E	T	R	I	S	T	E
A	M	R	A	M	C	F	I	G	R	A	T	T	E	Z
R	A	D	L	O	A	T	O	R	O	B	E	R	R	E
T	A	E	N	L	U	R	R	I	F	R	U	T	R	A
P	K	G	I	N	O	H	A	G	I	A	M	P	I	T
L	I	C	O	V	E	L	E	N	M	A	R	I	B	R
A	M	I	C	E	M	A	U	I	C	N	N	O	I	E
R	O	L	O	L	I	B	A	L	D	I	C	A	L	D
H	L	Q	U	O	S	D	L	E	A	N	O	O	E	R
P	Z	H	Z	C	F	O	X	B	A	A	N	N	S	C
C	A	T	Z	E	L	G	Y	I	N	D	E	L	E	E

Attività 5

grandi - verdi - divertenti - intelligente - felice.

Capitolo 16

Attività 2

a - su - in.

Attività 3

Giulia va a casa. - Francesco corre in giardino. - Il nano Damiano vive in un bosco. - La sposa mangiona vive in una reggia. - Il canarino dorme su un albero. - Il robot mostro vive in un pianeta lontano lontano.

Attività 5

sulla - al - nell'.

Attività 6

nel - sulla - al - allo - sull' - nella.

Capitolo 17

Attività 2

di - con.

Attività 3

con - con - con.

Attività 4

Sei fanciulle coraggiose partono con la macchina. - Cinque fanciulle coraggiose partono con il cavallo. - Quattro fanciulle coraggiose partono con l'aereo. - Tre fanciulle coraggiose partono con l'autobus. - Due fanciulle coraggiose partono con il treno. - Una fanciulla coraggiosa parte con la moto.

Attività 5

Sette fanciulle partono con un razzo spaziale. - La nave delle fanciulle è grande. - Una fanciulla si innamora di un fiore. - Le fanciulle coraggiose corrono con la bici.

Attività 6

con - con - di - con - del - di - delle - di.

Capitolo 18

Attività 2

il **mio** anello - la **mia** corona - il **tuo** mantello - la **tua** cintura - il **suo** trenino - la **sua** cioccolata - il **nostro** tesoro.

Attività 3

mia - mio.

Attività 4

1 - c; 2 - b; 3 - e; 4 - d; 5 - a.

Attività 6

miei - suoi - suo - loro - sue - loro - mia - tua.

Capitolo 19

Attività 2

sono andata - ho visto - abbiamo parlato - ha regalato.

Attività 3

abbiamo parlato - sono andato/a.

Attività 5

Con avere: ha lavorato - ha cantato - ha raccontato - ha cacciato - ha portato - ha regalato. **Con essere**: è andato - è salito.

Attività 6

Francesco **è salito** su un aereo. - Giulia **ha dato** un regalo a Ernesto. - Giulia **ha raccontato** una fiaba. - Francesco **ha lavorato** molto.

Attività 7

1 - c; 2 - d; 3 - b; 4 - a.

Attività 8

Stella è andata al mare. - Francesco è salito su un aereo. - Il canarino ha giocato con il cavallino. - La strega ha preparato una pozione.

Capitolo 20

Attività 2

giocava - leggeva - guardava - *non* usciva - sognava.

Attività 3

ascoltava - ballava - piangeva - volava - era - giocava - era.

Attività 4

1. *pescava* - 2. nuotava - 3. giocavano - 4. correva - 5. ballava - 6. gridava - 7. leggeva - 8. mangiavano.

Test di autovalutazione

1. figli - maschio - femmina - sogni - bambini.
2. aprono - lavorano - vanno - mangiano.
3. ha trovato - ha studiato - è diventato.
4. brava - lungo - rosse/gialle - gialle/rosse - grande - bella.
5. vecchia - grandi/buone - buone/grandi - contenta.
6. basso/alto - alto/basso - neri/azzurri - azzurri/neri.
7. undici - mille.
8. nello - con - di - a - di.
9. le - lo - Il - i - i - i - Il - il - i.

Sabrina Galasso • Mauro Carlo Zanella

Lorenzo e l'albero magico

illustrazioni di Anna Cola

Le tracce audio sono scaricabili gratuitamente online su www.almaedizioni.it

TRACCIA 1

LORENZO HA NOVE ANNI
E VIVE IN CAMPAGNA
CON LA MAMMA, IL PAPÀ
E IL NONNO.

LA SUA CASA HA UN
GRANDE GIARDINO
PIENO DI FIORI E DI
ALBERI DA FRUTTA.

IL NONNO NON LAVORA PIÙ, MA FA TANTE COSE.

COSTRUISCE GIOCATTOLI DI LEGNO
PER IL SUO NIPOTINO...

... E CURA I FIORI E GLI ALBERI DEL GIARDINO.

A LORENZO PIACE
AIUTARE IL NONNO!

UN GIORNO IL NONNO SI SENTE MALE.

VIENE UN'AMBULANZA E LO PORTA ALL'OSPEDALE.

– NON TI PREOCCUPARE LORENZO, IL NONNO TORNA PRESTO. – DICE LA MAMMA.

LORENZO PERÒ
È MOLTO PREOCCUPATO.

SENZA IL NONNO LA CASA È MOLTO TRISTE.

LORENZO NON HA VOGLIA DI GIOCARE, ANCHE I FIORI E GLI ALBERI SEMBRANO INFELICI.

QUALCHE GIORNO DOPO, LA MAMMA TORNA A CASA.
– COSA È SUCCESSO? – CHIEDE LORENZO.
– IL NONNO NON C'È PIÙ, TESORO.

LORENZO È MOLTO TRISTE E ARRABBIATO.

È NOTTE. MENTRE LORENZO DORME NELLA SUA CAMERA SENTE UNA VOCE.

APRE GLI OCCHI
E VEDE IL NONNO
SEDUTO SULLA SEDIA,
VICINO AL LETTO.

– LORENZO, ALZATI, DEVI FARE UNA COSA IMPORTANTE. – DICE IL NONNO.

– SSH! DEVI PIANTARE QUESTO PICCOLO SEME IN GIARDINO.
LORENZO È SORPRESO, MA VA IN GIARDINO.

È UNA NOTTE BELLISSIMA.
L'ARIA È FRESCA,
C'È LA LUNA PIENA E CI SONO
TANTE STELLE NEL CIELO.

LORENZO PIANTA IL PICCOLO SEME
E SUBITO CRESCE UN BELLISSIMO ALBERO.

SUI RAMI NASCONO DEI FIORI DORATI.

I FIORI SI APRONO:
DENTRO CI SONO TANTI CAVALLINI COLORATI!

C'È UN CAVALLINO AZZURRO, UN CAVALLINO GIALLO,
UN CAVALLINO VERDE, UNO ROSSO, UNO VIOLA,
UNO MARRONE, UNO GRIGIO E UNO ARANCIONE...

...LORENZO LI GUARDA... SONO BELLISSIMI!
SEMBRANO I GIOCATTOLI DEL NONNO!

UN CAVALLINO ROSSO SORRIDE
SU UN RAMO. LORENZO LO PRENDE E LO ABBRACCIA.
È DI NUOVO FELICE, SI SENTE TRANQUILLO E SICURO.
È UN PO' STANCO E SI ADDORMENTA
SOTTO L'ALBERO
DEI CAVALLINI.

LA MATTINA DOPO
LORENZO SI SVEGLIA
E CERCA IL CAVALLINO,
L'ALBERO... MA NON
C'È PIÙ NIENTE!

LORENZO CORRE NELLA SUA CAMERA.
SULLA SEDIA VICINO AL LETTO C'È UN PACCHETTO CON UN BIGLIETTINO.
DICE: "PER IL MIO CARO LORENZO, DAL NONNO"!

LORENZO APRE IL PACCHETTO
E TROVA IL SUO CAVALLINO ROSSO!

ADESSO LORENZO È CONTENTO.
SA CHE IL NONNO È SEMPRE VICINO.

IL CAVALLINO ROSSO È IL SUO PORTAFORTUNA!

ATTIVITÀ

1. UNISCI LE FRASI AI DISEGNI E METTILE IN ORDINE, COME NELL'ESEMPIO.

(A) LORENZO PRENDE IL CAVALLINO ROSSO.

(B) LORENZO TROVA IL PACCHETTO DEL NONNO CON IL CAVALLINO ROSSO.

(C) LORENZO PIANTA IL PICCOLO SEME.

(D) IL NONNO DI LORENZO COSTRUISCE GIOCATTOLI DI LEGNO.

(E) LA MATTINA DOPO L'ALBERO DEI CAVALLINI NON C'È PIÙ.

(F) IL NONNO DI LORENZO SI SENTE MALE E VA IN OSPEDALE.

1

2

3

4

5

6

(D) 1 ( ) ____ ( ) ____

( ) ____ ( ) ____ ( ) ____

ATTIVITÀ

2. COMPLETA LE FRASI CON LE PAROLE SULL'ALBERO, COME NELL'ESEMPIO.

LORENZO E IL NONNO VIVONO IN CAMPAGNA.

IL NONNO CURA

LORENZO AIUTA

LORENZO È TRISTE

SULL'ALBERO CI SONO

IL CAVALLINO ROSSO È

3. METTI A POSTO LE FRASI E SCRIVILE SULLE RIGHE, COME NELL'ESEMPIO.

1. PACCHETTO ✓ | IL | C'È ✓ | CAVALLINO | NEL ✓ | ROSSO
2. TROVA | UN | DEL | LORENZO | BIGLIETTO | NONNO
3. TORNA | LA | MAMMA | CASA | A
4. ROSSO | AL | SI AVVICINA | CAVALLINO | LORENZO

1. NEL PACCHETTO C'È
2.
3.
4.

ATTIVITÀ

4. ASCOLTA E SCRIVI IL NUMERO.

TRACCIA 2

A ______

B ______

C ______

D ______

5. GUARDA LA PAGINA 116 E LA PAGINA 117 DEL LIBRO.
ASCOLTA E RICONOSCI I GIOCATTOLI.

TRACCIA 3

ATTIVITÀ

6. DAI A OGNI AMICO DI LORENZO I SUOI GIOCATTOLI PREFERITI.

ATTIVITÀ

7. ASCOLTA E SCRIVI IL NOME DEGLI AMICI DI LORENZO.

TRACCIA 4

8. GUARDA LA PAGINA 118 E LA PAGINA 119 DEL LIBRO. ASCOLTA E RICONOSCI LA FRUTTA.

TRACCIA 5

ATTIVITÀ

9. CHE FRUTTA MANGIANO IL NONNO E LORENZO? SCRIVI I NOMI SULLE RIGHE.

CILIEGE ALBICOCCHE MELE PESCHE FICHI PERE

10. GUARDA LA PAGINA 124 E LA PAGINA 125 DEL LIBRO. ASCOLTA E RICONOSCI GLI OGGETTI.

TRACCIA 6

ATTIVITÀ

11. CERCA I NOMI DEGLI OGGETTI. POI SCRIVI LE LETTERE CHE RESTANO SUI TRATTINI E RISPONDI: DOVE HA MESSO LORENZO IL CAVALLINO ROSSO?

_ _ _ _ _   _ _ _   _ _ _   _ _ _ _ _ _ _ _ _ !

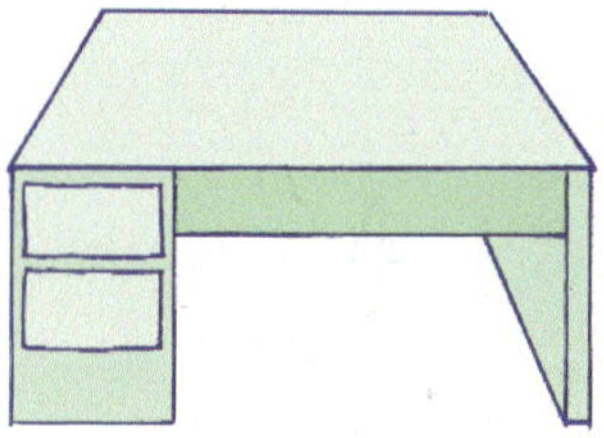
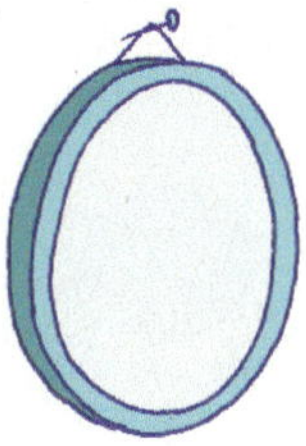
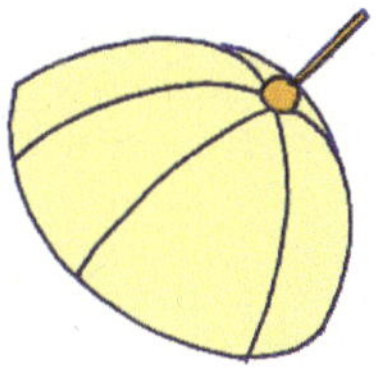
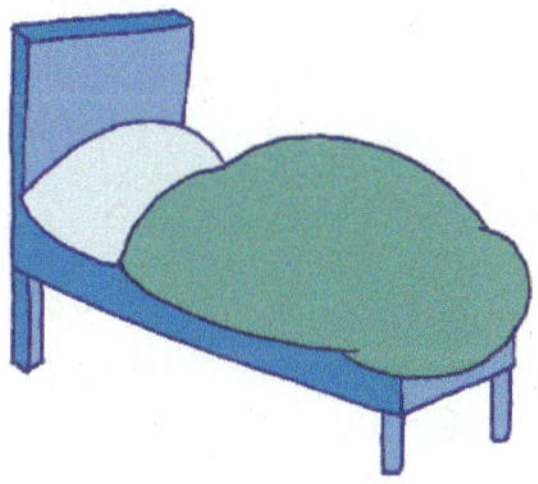

S	O	S	E	D	I	A	P	R	A
S	C	R	I	V	A	N	I	A	L
S	P	E	C	C	H	I	O	A	L
A	I	R	E	R	B	I	L	S	E
O	N	I	D	O	M	O	C	U	T
A	S	C	R	I	V	A	N	I	T
A	!	O	I	D	A	M	R	A	O
L	A	M	P	A	D	A	R	I	O

ATTIVITÀ

12. COMPLETA I NOMI DEI COLORI .

 A _ A _ _ _ O _ _

 VE _ _ _

 _ _ Z _ R _ O

 R _ _ _ O

 _ _ A _ _ O

 V _ _ _ A

 G _ I _ _ O

 _ A _ _ _ N _

13. ASCOLTA E SCRIVI IL NUMERO.

TRACCIA 7

A ....

B ....

C ....

ATTIVITÀ

14. ASCOLTA DIVERSE VOLTE IL PEZZO DI STORIA DAL CD E COMPLETA CON LE PAROLE DELLA LISTA.

TRACCIA 8

BELLISSIMI ✓FIORI GRIGIO GIALLO GIOCATTOLI VIOLA CAVALLINI

I FIORI SI APRONO: DENTRO CI SONO TANTI ______________ COLORATI! C'È UN CAVALLINO AZZURRO, UN CAVALLINO ______________, UN CAVALLINO VERDE, UNO ROSSO, UNO ______________, UNO MARRONE, UNO ______________ E UNO ARANCIONE... LORENZO LI GUARDA... SONO ______________! SEMBRANO I ______________ DEL NONNO!

VAI ALLA PAGINA 143 E GIOCA A **MEMORY** CON I TUOI AMICI O CON I TUOI GENITORI

SOLUZIONI

1. D1, F2, C3, A4, E5, B6

2. LORENZO E IL NONNO VIVONO IN CAMPAGNA. / IL NONNO CURA GLI ALBERI. / LORENZO AIUTA IL NONNO. / LORENZO È TRISTE SENZA IL NONNO. / SULL'ALBERO CI SONO I CAVALLINI COLORATI. / IL CAVALLINO ROSSO È UN PORTAFORTUNA.

3. 1. NEL PACCHETTO C'È IL CAVALLINO ROSSO. / 2. LORENZO TROVA UN BIGLIETTO DEL NONNO. / 3. LA MAMMA TORNA A CASA. / 4. LORENZO SI AVVICINA AL CAVALLINO ROSSO.

4. A4, B2, C3, D1

6. NAVE 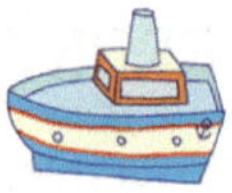 FORTINO 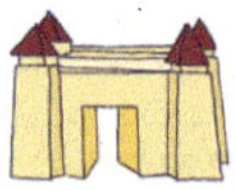 ROBOT  CAVALLINO 

AEROPLANO  BURATTINO  BAMBOLA  TRENINO 

7.

ANDREA

FRANCESCO

CHIARA

9. NONNO: CILIEGE, MELE, PESCHE. / LORENZO: PERE, ALBICOCCHE, FICHI.

11. SOPRA LA SUA SCRIVANIA!

12. ARANCIONE / AZZURRO / GIALLO / GRIGIO / VERDE / ROSSO / VIOLA / MARRONE

13. A2, B3, C1

14. I FIORI SI APRONO: DENTRO CI SONO TANTI CAVALLINI COLORATI!
C'È UN CAVALLINO AZZURRO, UN CAVALLINO GIALLO, UN CAVALLINO VERDE, UNO ROSSO, UNO VIOLA, UNO MARRONE, UNO GRIGIO E UNO ARANCIONE... LORENZO LI GUARDA... SONO BELLISSIMI! SEMBRANO I GIOCATTOLI DEL NONNO!

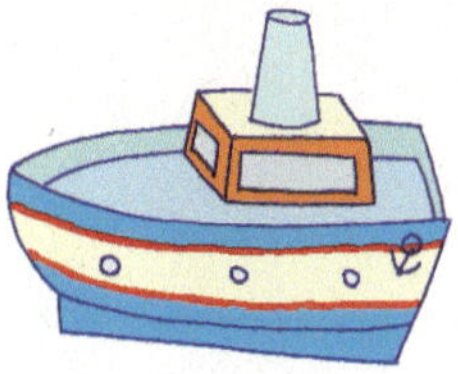

NAVE

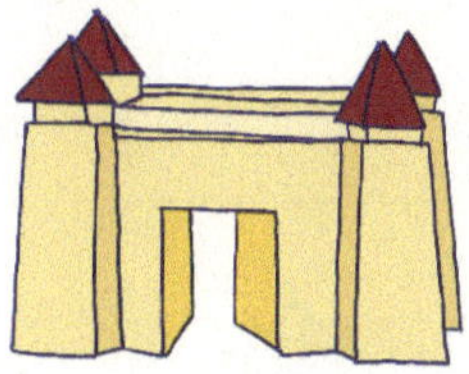

FORTINO

ROBOT

BURATTINO

BAMBOLA

TRENINO

CAVALLINO

AEREOPLANO

ARMADIO

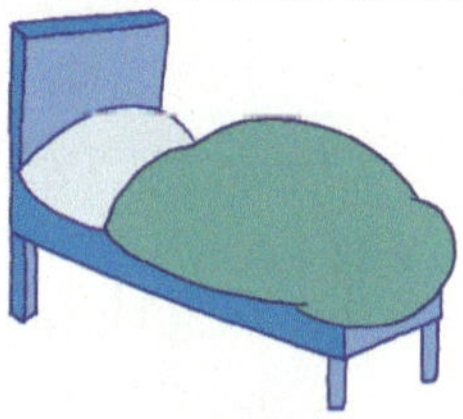

LETTO

SEDIA

COMODINO

LIBRERIA

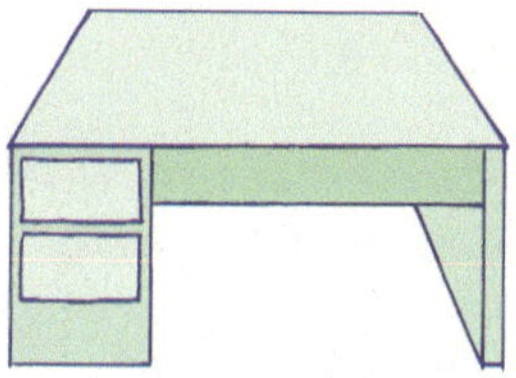

SCRIVANIA

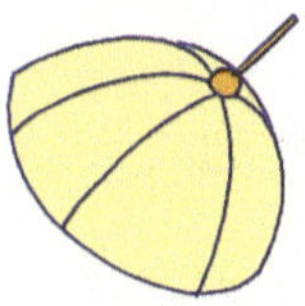

LAMPADARIO

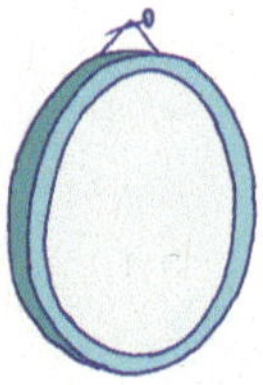

SPECCHIO

MEMORY	MEMORY	MEMORY	MEMORY
MEMORY	MEMORY	MEMORY	MEMORY
MEMORY	MEMORY	MEMORY	MEMORY
MEMORY	MEMORY	MEMORY	MEMORY
MEMORY	MEMORY	MEMORY	MEMORY
MEMORY	MEMORY	MEMORY	MEMORY
MEMORY	MEMORY	MEMORY	MEMORY
MEMORY	MEMORY	MEMORY	MEMORY